ARKANA

MICHAEL ROSCHER

Die Wassermann Persönlichkeit

Charakter, Schicksal und Chancen.
Mit Mondpositionen
und Aszendentenbestimmung

ARKANA

GOLDMANN

Umwelthinweis:
Alle bedruckten Materialien dieses Taschenbuches
sind chlorfrei und umweltschonend.

Originalausgabe Januar 1999
© 1999 Wilhelm Goldmann Verlag, München
in der Verlagsgruppe Random House GmbH
Umschlaggestaltung: Design Team München
Umschlagabbildung: AKG, Berlin
Verlagsnummer 21514
Realisation und Gesamtbetreuung:
Christine Proske, Ariadne Buchkonzeption, München
Redaktion: Ralf Lay
Grafik: D.T.P. Factory, Susanne Bertenbreiter, München
Herstellung: H+G Lidl, München
Satz: Fotosatz Völkl, Puchheim
Druck: Elsnerdruck, Berlin
Made in Germany
ISBN 3-442-21514-5
www.goldmann-verlag.de
2. Auflage

Inhalt

ANHANG

Vorwort

Bücher zu den »Stern«- oder Tierkreiszeichen gibt es scheinbar wie Sand am Meer. Welchen Sinn macht es da, erneut darüber zu schreiben; ist nicht alles schon Dutzende Male geschrieben worden, was es zu diesem Thema mitzuteilen gibt? Ich glaube, nicht. Denn wer sich ein wenig näher mit dem Thema Astrologie beschäftigt hat, kann zwei sehr unterschiedliche Bereiche ausmachen: Astrologie als Unterhaltung und Zeitvertreib, wie wir sie zum Beispiel auf Zuckerstückchenpapier und auf der Horoskopseite nahezu jeder Illustrierten finden, und die ernsthafte Astrologie, deren Studium viele Jahre beansprucht. Auch wenn die Astrologie einmal die Königin der Wissenschaften war, die an jeder renommierten Universität gelehrt wurde, so wird sie doch heute von den meisten mit der Unterhaltungsastrologie verwechselt; und nur die wenigsten wissen, wie umfangreich, komplex und faszinierend die »richtige« Astrologie ist.

Diese Buchreihe versucht einen dritten Weg zu gehen, indem die ernsthafte und die Unterhaltungsastrologie zusammengeführt werden. Das, was sich mit den Methoden anspruchsvoller Astrologie über die Tierkreiszeichen sagen läßt, habe ich in diesen Bändchen darzustellen versucht. Gerade weil auch die Mondzeichen und die Bedeutungen der Geburtstage mit einbezogen wurden, konnten Aussagen gemacht werden, die sicherlich um einiges genauer und zutreffender sind, als dies in einem »normalen« Buch über Tierkreiszeichen möglich wäre. Gleichzeitig sollte jedoch auch der unterhaltende Aspekt nicht zu kurz kommen, schließlich lähmt kaum etwas mehr das Interesse und die Neugier als trockener Lesestoff. Das Ziel war eine Lektüre, die seriöses astrologisches Wissen über uns selbst, über unsere Stärken und Schwächen vermittelt. Das Lesen sollte Spaß machen, und die Aussagen sollten so treffend sein, wie es in diesem Rahmen eben möglich ist. Wer auf den Geschmack kommt und noch mehr über sich und sein Horoskop erfahren möchte, findet zu diesem Thema Tips und Hinweise am Ende des Buches.

Ich möchte mich an dieser Stelle bei meiner Lebensgefährtin, der Astrologin und Buchautorin Brigitte Hamann, bedanken, die einen wesentlichen Anteil am Zustandekommen dieser Reihe hatte. Die meisten Illustrationen und Zitate stammen von ihr, sie hat die Märchen ausgewählt, bearbeitet und kommentiert, und einige Abschnitte entstammen – in leicht überarbeiteter Form – ihrem Buch *Die zwölf Archetypen*.

Michael Roscher,
im Herbst 1998

Kontaktadresse des Autors:

Michael Roscher
Schule für Transpersonale Astrologie ®
Postfach 31 02 01
D-90202 Nürnberg

Einleitung:
Wie die Gestirne unser
Schicksal beeinflussen

Die Astrologie ist trotz aller Anfeindungen ein fester Bestandteil unserer Kultur, unseres Fühlens und Denkens geblieben. Das Interesse an diesem seit Jahrtausenden genährten Wissensschatz nimmt sogar immer mehr zu. Es hofft zum Beispiel jeder, »unter einem guten Stern geboren zu sein«, unabhängig davon, ob wir an Astrologie glauben oder nicht. Und so wird das Geburtsdatum eines Menschen nach wie vor mit dem Sternsymbol ✳ dargestellt.

Die sieben Wochentage und ihre Namen werden von den sieben »klassischen« Planeten unseres Sonnensystems abgeleitet: der Sonntag von der Sonne, der Montag vom Mond, der Dienstag vom germanischen Kriegsgott Tiu (Týr), der dem Mars entspricht. Der Mittwoch heißt im Französischen *Mercredi,* also »Merkurtag«. Der Donnerstag (im Englischen *Thursday*) geht auf den germanischen Gott Thor zurück, der wiederum mit Jupiter vergleichbar ist. Der Freitag leitet sich von der Göttin Freyja ab, der germanischen Entsprechung der Venus. Der Samstag, mit dem die Woche vollendet wird, ist dem Saturn zugeordnet.

Wochentage

Das Wort »Desaster« (Unglück) kommt vom italienischen *disastro,* was »Unstern« bedeutet. Jemand, der einen starken Mars hat, wirkt auf andere martialisch, das heißt »kriegerisch, bedrohlich«; im Englischen nennt man die Kampfkünste *martial arts.* Unsere Stimmun-

---

Die Planetensymbole

Sonne	Mond	Merkur	Venus	Mars
☉	☽	☿	♀	♂

Jupiter	Saturn	Uranus	Neptun	Pluto
♃	♄	♅	♆	♇

---

gen werden durch den Mond beeinflußt, was sich sprachlich in dem Wort »Laune« (lateinisch *luna* = »Mond«) widerspiegelt. Und wie der Mond sein Aussehen beständig verändert, so wechseln auch unsere Gefühle.

Es ließen sich noch viele Beispiele aufführen, doch soll dies hier genügen, um zu zeigen, wie sehr uns die Astrologie in Fleisch und Blut übergegangen ist, ohne daß uns dies normalerweise bewußt wird.

Charakter-anlagen und Schicksal Daß sich über die Planetenstände bei der Geburt Charakteranlagen, Schicksal und Chancen ermitteln lassen, ist längst bewiesen, auch wenn die Gegner der Astrologie dies nicht wahrhaben wollen.

Früher meinte man, von den Gestirnen gingen Strahlungen aus, die uns im Augenblick der Geburt lebenslang prägen. Manche Forscher versuchen immer noch, die Stimmigkeit der Astrologie auf diese Weise zu erklären. Der Ansatz ist sicherlich nicht völlig falsch. Allein der Mond verursacht mit seiner Anziehungskraft Ebbe und Flut und hat, wie man inzwischen weiß, auch einen deutlichen Einfluß auf das Wetter. Wenn der Mond die Weltmeere zu bewegen vermag, dann ist es auch einleuchtend, daß er den Menschen beeinflußt, dessen

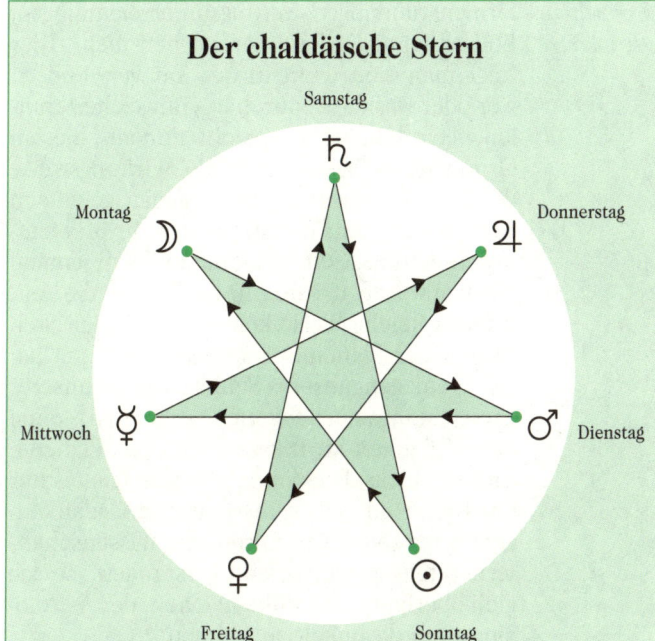

Der chaldäische Stern

Die Darstellung der sieben klassischen Planeten als Tagesregenten kreisförmig in einem siebeneckigen Stern wird »chaldäischer Stern« genannt. Beginnt man beim Mond entgegen dem Uhrzeigersinn zu zählen, ergibt sich die Reihenfolge: *Mond, Merkur, Venus, Sonne, Mars, Jupiter, Saturn.* Dies gibt die Umlaufgeschwindigkeit der Himmelskörper um die Erde wieder. Der Mond bewegt sich, von der Erde aus gesehen, am schnellsten, der Saturn am langsamsten. Folgt man hingegen den Pfeilen des Sterns, entsteht die Reihenfolge: *Mond, Mars, Merkur, Jupiter, Venus, Saturn, Sonne,* was unseren Wochentagen entspricht.

Körper ja auch zum größten Teil aus Wasser besteht.

Die Astrologie funktioniert jedoch auch sicher bei der Ermittlung günstiger Daten für

Firmengründungen, Vertragsunterzeichnungen, Eheschließungen und dergleichen mehr. Hier fragt man sich dann in der Tat verwundert, wer oder was dabei durch irgendwelche Strahlen beeinflußt wird ... Nicht nur aus diesem Grund ist es besser, sich die Wirkungsweise der Astrologie wie die einer genau gehenden Uhr vorzustellen: Wir können an ihr problemlos die richtige Zeit ablesen, ohne daß jemand glauben würde, unsere Uhr beeinflusse die Zeit. Auf die gleiche Weise können wir in den Stellungen der Planeten Analogien unserer Charakteranlagen, unseres Schicksals und unserer Entwicklungsmöglichkeiten erkennen, ohne daran glauben zu müssen, daß die Planeten unser Schicksal *bestimmen* – sie *zeigen* es nur an. Dieser an sich völlig einfache Gedankengang wird selbst von führenden Wissenschaftlern offensichtlich nicht verstanden, so sie sich überhaupt die Mühe machen, der Astrologie Aufmerksamkeit zu widmen.

Ähnlich verhält es sich mit zahlreichen gläubigen Menschen, die fälschlicherweise annehmen, die Astrologie wäre eine »Ersatzreligion«, die uns ein unausweichliches Schicksal predige und an die Stelle des Gottesglaubens den an die Sterne setze. Nichts könnte falscher sein; denn ein vernünftiger Mensch wird die Psychologie nicht verdächtigen, Religion sein zu wollen, und Astrologie ist nichts anderes als das in Jahrtausenden gereifte psychologische Wissen der Menschheit – ein Erkenntnisprozeß, der begann, lange bevor es das Wort »Psychologie« überhaupt gab.

Einer der Grundlehrsätze der Astrologie lautet: »Der Weise beherrscht die Sterne.« Das heißt, die Astrologie strebt nicht an, dem Menschen ein angeblich unausweichliches Schicksal aufzudrängen, sondern sie will und kann echte Lebenshilfe sein, indem sie uns lehrt, uns selbst und unsere Mitmenschen besser zu verstehen.

Echte Lebenshilfe

Wenn wir beginnen, unser eigenes Wesen besser zu begreifen, werden natürlich auch Schwächen und der eine oder andere weniger erfreuliche Wesenszug sichtbar. Dies ist jedoch kein Grund, sich zu ärgern oder gar zu verzagen, sondern vielmehr die große Chance, das Beste aus unseren Möglichkeiten zu machen, die Schwierigkeiten, die wir mit uns und unseren Mitmenschen haben, zu meistern sowie dadurch zu wachsen.

Die Richtigkeit dieser Annahme wird uns indirekt auch bestätigt, wenn wir uns manche Menschen anschauen, die in ihrem Horoskop die umgekehrten Voraussetzungen aufweisen – sie sind besonders begabt, in ihrem Leben bieten sich außergewöhnliche Möglichkeiten, und sie machen dennoch nichts daraus. Das beste Horoskop nützt also wenig, wenn wir nicht unsere Fähigkeiten erkennen und uns um ihre Entwicklung bemühen: Die Welt ist voll von begnadeten musikalischen Talenten, die niemals die Ausdauer aufbrachten, ein Instrument richtig spielen zu lernen. Ein Künstler mit eher mäßiger Begabung und dem Willen, seine Möglichkeiten voll auszuschöpfen, kann dagegen bereits Außergewöhnliches erreichen, und der Erfolg ist schier unaufhaltbar, wenn die konsequente Entwicklung unserer Fähigkeiten mit einer besonderen Begabung zusammentreffen.

Wille zur Entwicklung

Dieses Buch möchte Sie dabei unterstützen, sich selbst und Ihre Mitmenschen besser zu verstehen. Wenn wir Verständnis füreinander in Handeln umsetzen, ist es nahezu unvermeidlich, daß wir erfolgreicher und effektiver werden, vor allem aber, daß wir ein zufriedeneres und erfüllteres Leben führen.

Die Tierkreiszeichen und das Horoskop

In der Umgangssprache hat sich der Begriff »Sternzeichen« eingebürgert, wenn eigentlich von Tierkreiszeichen die Rede ist. Es gibt die Sternbilder am Himmel und die Tierkreiszeichen; irgendwann einmal entstand der etwas unglückliche Begriff von den »Sternzeichen«.

»Stern-zeichen«

Die Sternbilder, die sich auf der Sonnenbahn befinden und den gleichen Namen wie die Tierkreiszeichen tragen, haben mit letzteren jedoch überhaupt nichts zu tun. Ihre Position verändert sich jedes Jahr ein wenig, und so kommt es, daß die Sonne am 21. März (oder einem beliebigen anderen Datum) an einer völlig anderen Stelle aufgeht, als dies etwa vor 2000 Jahren der Fall war.

Diese Namensgleichheit hatte unglückliche Folgen, werden Sternbilder und Tierkreiszeichen doch heute noch von vielen miteinander verwechselt oder gar gleichgesetzt. Das führt sogar so weit, daß vor allem Astronomen, die gern gegen die Astrologie wettern, behaupten, die Astrologen würden ihre Horoskope falsch berechnen. Diese ständige Verwechslung zeigt unter anderem, wie wenig sich die Gegner der Astrologie mit dem Thema überhaupt beschäftigt haben.

Die meisten Menschen wissen, ob sie ein Stier, ein Krebs oder ein Fisch sind, jeder kennt sein »Sternzeichen«. Wie diese Zuordnung zustande kommt, wissen dagegen nur wenige; dabei ist es einfach, die Grundlagen der Astrologie zu verstehen: Die Erde beschreibt im Laufe eines Jahres einen (näherungsweisen) Kreis um die Sonne. Von der Erde aus gesehen, ist diese auch »Ekliptik« genannte Umlaufbahn jedoch der Weg, den die Sonne innerhalb des Jahres scheinbar am Himmel zurücklegt; das heißt, die Sonne steht nach zirka 365 Tagen wieder an dem Himmelspunkt, von dem aus sie »ihre« Wanderung begann. Unterteilt man die Ekliptik in zwölf gleich große Abschnitte, ergibt sich die Aufgliederung des Tierkreises (Zodiakus) in zwölf Zeichen. Unser »Sternzeichen« ist nun nichts anderes als das Tierkreiszeichen, in dem die Sonne zum Zeitpunkt unserer Geburt stand. Wer beispielsweise ein Löwe ist, bei dem befand sich die Sonne im Zeichen des Löwen (120 bis 150 Grad im Tierkreis), als er zur Welt kam. Allerdings beginnt das astrologische Jahr nicht am 1. Januar, sondern am 21. März, exakt am Frühlingsanfang. Das astrologische Jahr ist übrigens mit dem astronomischen identisch.

Stand der Sonne

Astrologisches Jahr

Der Tierkreis beginnt mit dem Zeichen Widder, deshalb ist jeder, der zwischen dem 20./21. März und dem 19. bis 21. April geboren wurde, Widder. Auf den Widder folgt der Stier, daher dürfen sich alle, die zwischen dem 19. bis

Die Symbole der Tierkreiszeichen

Widder	Stier	Zwillinge	Krebs	Löwe	Jungfrau
♈	♉	♊	♋	♌	♍

Waage	Skorpion	Schütze	Steinbock	Wassermann	Fische
♎	♏	♐	♑	♒	♓

Sternbilder und Tierkreiszeichen

4500 v. Chr.
2000 J.
6500 v. Chr.
2600 J.
1900 v. Chr.
1400 J.
7900 v. Chr.
1800 J.
89°
117°
53°
100 v. Chr.
2600 J.
137°
28°
10 500 v. Chr.
173°
Frühlings-punkt 0°
352°
2500 n. Chr.
3300 J.
218°
326°
1900 J.
13 800 v. Chr.
12 100 n. Chr.
237°
4400 n. Chr.
267°
299°
1300 J.
10 800 n. Chr.
2200 J.
1900 J.
8600 n. Chr.
2300 J.
6300 n. Chr.

| Tierkreiszeichen Steinbock | Sternbild Steinbock |

Im Außenkreis sind die *Sternbilder* dargestellt, im Innenkreis die *Tierkreiszeichen*. Außer der Namensgleichheit haben beide nichts miteinander zu tun.

21. April und dem 20. bis 22. Mai geboren wurden, »Stier« nennen – und so fort. Von der Erde aus gesehen, umkreist die Sonne aber nicht

Das geozentrische Weltbild

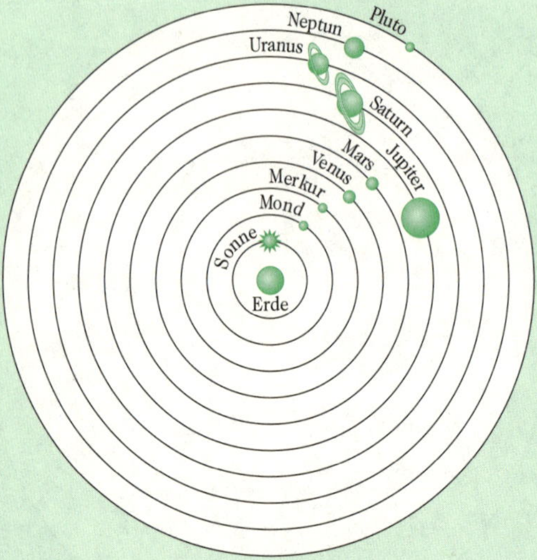

Neptun
Pluto
Uranus
Saturn
Jupiter
Mars
Venus
Merkur
Mond
Sonne
Erde

nur einmal im Jahr, sondern auch einmal pro Tag unseren Planeten.

Diese Laufbahn wird ebenso in zwölf verschiedene Abschnitte gegliedert und auch den Tierkreiszeichen zugeordnet. Man kann diese Vorgänge mit einer Uhr vergleichen. Die eine Umdrehung entspräche dann dem Minuten-, die andere dem Stundenzeiger.

Horoskop-
erstellung

Will man nun ein Horoskop erstellen, trägt man zunächst das Sonnen-Symbol an der Stelle im Horoskopformular ein, an der das Tierkreiszeichen steht, unter dem man geboren ist, zum Beispiel Waage (siehe Abbildung »Die Sonne in der Waage«).

Für ein Horoskop werden jedoch noch die übrigen Planeten unseres Sonnensystems gebraucht, zu denen in der Astrologie auch der Mond ☽ gehört (siehe die Abbildung »Beispiel für ein Horoskop mit allen Planeten« auf der nächsten Seite).

Ebenso wie jeder von uns ein Sonnenzeichen hat, besitzt er auch ein Mondzeichen. Dieses ist für die Deutung der Persönlichkeit mindestens genauso wichtig wie das Zeichen

Mond-
zeichen

Die Sonne in der Waage

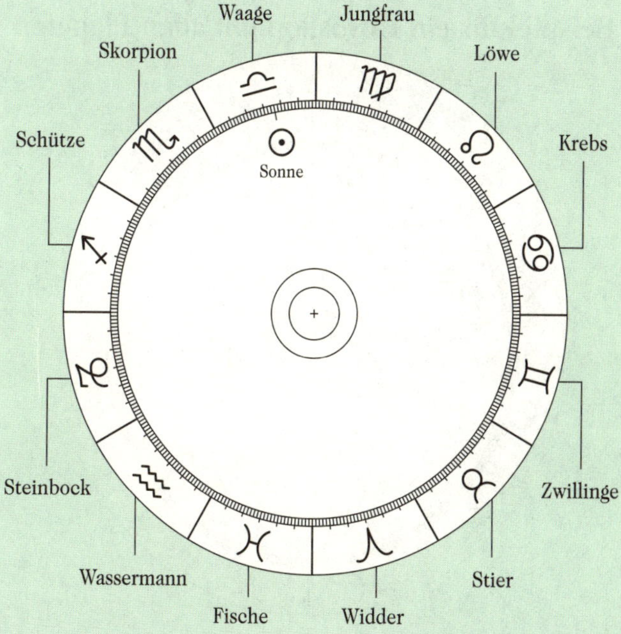

Waage   Jungfrau

Skorpion   Löwe

Schütze   Krebs

                ⊙
               Sonne

Steinbock   Zwillinge

Wassermann   Stier

     Fische   Widder

der Sonne. Die Sonnenzeichen sind wahrscheinlich nur deshalb bekannter, weil sie sich
ganz leicht über das Geburtsdatum feststellen
lassen.

Das ist beim Mond nicht so einfach. Denn
hier benötigen wir neben dem Geburtstag
Geburts- noch die Zuordnung zum Geburtsjahr. Da wir
jahr für Ihre Charakter- und Schicksalsanalyse jedoch auch das Mondzeichen verwenden wollen, finden Sie im Anhang eine Tabelle, mit der
Sie leicht die Zeichenstellung des Mondes zum
Zeitpunkt Ihrer Geburt bestimmen können.

Beispiel für ein Horoskop mit allen Planeten

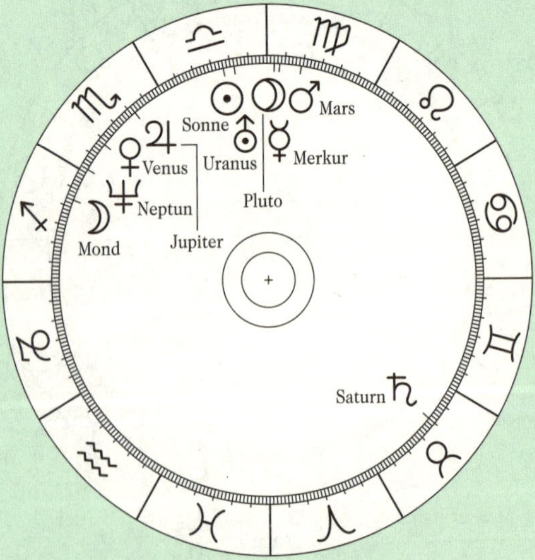

Die Häuser im Horoskop

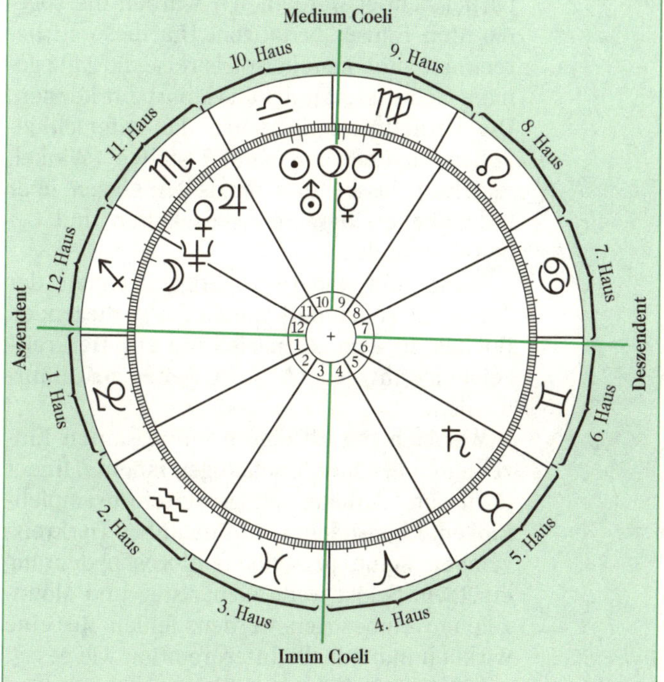

Medium Coeli

10. Haus 9. Haus

11. Haus 8. Haus

12. Haus 7. Haus

Aszendent Deszendent

1. Haus 6. Haus

2. Haus 5. Haus

3. Haus 4. Haus

Imum Coeli

Eine ausschlaggebende Rolle innerhalb des Horoskops spielt der Aszendent. Dieser wird durch das Tierkreiszeichen bestimmt, das im Augenblick der Geburt über den Osthorizont tritt (lateinisch *ascendere* = »aufsteigen«). Dazu müssen Sie wissen, an welchem Ort und zu welcher Zeit Sie geboren sind. Eine Tabelle und eine genaue Anweisung zur Berechnung Ihres Aszendenten finden Sie im Anhang dieses Buches.

Aszendent

Für ein vollständiges Horoskop müßten allerdings noch mehrere andere wichtige Faktoren
berücksichtigt werden. Wir würden die sogenannten Häuser benötigen. Um diese zu berechnen, muß man beispielsweise die ganz genaue Geburtszeit und den Geburtsort kennen.
Die Verhältnisse, in denen die unterschiedlichen Planeten zueinander stehen (Winkel,
Aspekte), lassen erst präzise Aussagen über
individuelle Charaktereigenschaften und Lebensumstände zu.

Diese und andere wichtige Themen der
Astrologie sollen im Rahmen des vorliegenden
Buches, in dem es speziell um ein Tierkreiszeichen geht, jedoch nicht weiter ausgeführt
werden.

Wer sich mit all diesen interessanten Ein-
zelheiten genauer beschäftigen möchte, findet
dazu im Anhang einige Literaturempfeh-
lungen. Ebenso kann ein Buch über Tierkreiszeichen keine persönliche Horoskopdeutung
ersetzen. Selbst wenn Geburtstag und Mondzeichen einbezogen werden, fehlen für eine
Individuelle wirklich individuelle Interpretation wie gesagt
Inter- noch zu viele Faktoren. Wer es aber ganz ge-
pretation nau wissen möchte und ein exakt auf sich berechnetes und gedeutetes Horoskop wünscht,
kann bei uns hierzu kostenlos und unverbindlich weiteres Informationsmaterial anfordern.
Die Adresse finden Sie ebenfalls am Ende dieses Buches.

Doch lassen Sie uns nun erkunden, was
einen »typischen Wassermann« ausmacht. Beginnen wir damit, uns einmal anzuschauen,
welch unterschiedlichen prominenten Menschen dieses Tierkreiszeichen gemeinsam ist.

Die Tierkreiskarte Wassermann des Malers Johfra

Bekannte Wassermann-Persönlichkeiten

Alfred Adler, Arzt und Tiefenpsychologe
Corazón Aquino, Politikerin
Francis Bacon, Philosoph und
   Staatsmann
Max Baer, Boxer und Schauspieler
Hans-Jürgen Bäumler, Eiskunstläufer und
   Schauspieler
Gustl Bayrhammer, Schauspieler
Hans Bender, Psychologe
Karl Brandler-Pracht, Astrologe
Eva Braun, Geliebte Hitlers
Bertolt Brecht, Schriftsteller und Regisseur
Lord (George Gordon) Byron, Dichter
Fritjof Capra, New-Age-Philosoph
Charles Carter, Astrologe und Theosoph
Alice Cooper, Popstar
Dave Davies, Musiker
James Dean, Schauspieler
Neil Diamond, Popstar
Charles Dickens, Schriftsteller
Plácido Domingo, Sänger
Friedrich Ebert, Politiker
Reinhold Ebertin, Astrologe
Thomas A. Edison, Erfinder und
   Unternehmer
Dennis Elwell, Astrologe
Heinz Dieter Eppler, Schauspieler
Ludwig Erhard, Politiker
Mia Farrow, Schauspielerin
Hansjörg Felmy, Schauspieler
Ernst Fuchs, Maler und Grafiker
Wilhelm Furtwängler, Dirigent und
   Komponist

*Francis
Bacon*

*Thomas A.
Edison*

Clark Gable, Schauspieler
Peter Gabriel, Popstar
H. R. Giger, Maler
Valerie Giscard d'Estaing, Politiker
Johann J. von Görres, Publizist und
  Wissenschaftler
Alfred Max Grimm, Astrologe
Hans Habe, Schriftsteller und Publizist
Ernst Haeckel, Zoologe und
  Naturphilosoph
Hugo von Hofmannsthal, Lyriker und
  Dramatiker
Boris Jelzin, Politiker   *Boris Jelzin*
James Joyce, Schriftsteller
Hugo Junkers, Flugzeugkonstrukteur und
  Unternehmer
Bruno Kreisky, Politiker
Fritz Kreisler, Musiker und Komponist
Charles W. Leadbeater, Theosoph und
  Okkultist
Jack Lemmon, Schauspieler
Charles Lindbergh, Luftfahrtpionier
Norman Mailer, Schriftsteller
Bob Marley, Popstar
William Maugham, Schriftsteller
Jeanne Moreau, Schauspielerin
Kim Novak, Schauspielerin
Yoko Ono, Künstlerin und Sängerin   *Yoko Ono*
Pius V., Papst
Ramakrischna, Mystiker und Guru
Ronald Reagan, Politiker
Burt Reynolds, Schauspieler
John D. Rockefeller, Industrieller und
  Philanthrop
Franklin D. Roosevelt, Politiker

Georg Trakl

Heide Rosendahl, Sportlerin
Franz Schubert, Komponist
Mark Spitz, Schwimmer
August Strindberg, Schriftsteller und Maler
Emanuel Swedenborg, Naturforscher,
  Philosoph und Theosoph
Georg Trakl, Lyriker
John Travolta, Schauspieler
François Truffaut, Filmemacher
Jules Verne, »Vater« der Science-fiction
Hans-Jochen Vogel, Politiker
Virginia Woolf, Schriftstellerin

Der Wassermann – Daten und Symbole

19., 20., 21. Januar bis 18., 19. Februar

**Qualität: männlich-aktiv, Yang
Element: Luft
3. fixes Zeichen
Herrscher: Uranus ⛢
Nebenherrscher: Saturn ♄**

Der Wassermann ist das elfte Tierkreiszeichen. Sein Beginn variiert von Jahr zu Jahr etwas und kann auf den 19., 20. oder 21. Januar fallen. Jeder, der an einem dieser Tage geboren wurde und nicht weiß, ob er noch Steinbock oder schon Wassermann ist, kann dies der Tabelle »Von wann bis wann ist man ein Wassermann?« im Anhang entnehmen. Ebenso gibt es Überschneidungen am Ende des Zeitraums. In der Tabelle können Sie auch erkennen, ob Sie noch ein Steinbock oder schon ein Wassermann sind. Im Zweifelsfalle muß die Uhrzeit der Geburt bekannt sein. Diese ist am Standesamt des Geburtsortes niedergelegt und wird auf schriftliche Anfrage in aller Regel problemlos mitgeteilt.

Unterschiedliche Anfangstage

Der Sinngehalt des Wassermann-Symbols könnte kaum augenscheinlicher und eindeutiger sein: *Wellen* Es handelt sich um Wellen, also um Wasser, was bei dem Namen dieses Tierkreiszeichens aber auch nicht weiter verwundert. Dennoch irritiert es die Studierenden der Astrologie und amüsiert es die Gegner der »Sternkunde«, daß ausgerechnet ein Zeichen, welches das Element Wasser in seinem Namen trägt und dessen Symbol dieses enthält, der Luft zugeordnet wird.

In Wahrheit ist mit dem Wassermann jedoch der Wasserträger gemeint, wie es ihn heute noch in vielen arabischen Ländern gibt.

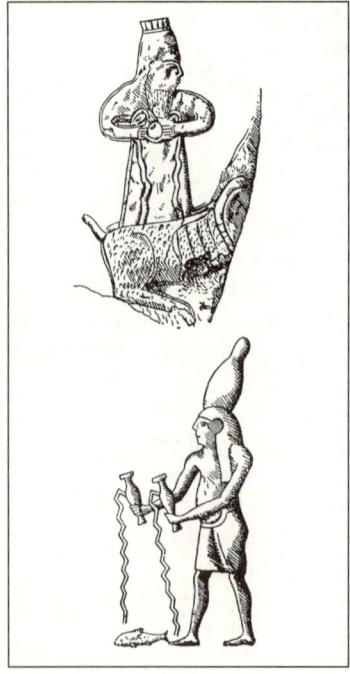

Seine Aufgabe liegt darin, in der Trockenzeit zu den von den Siedlungsorten oftmals weiter entfernten Quellen zu gehen, dort das Wasser in Krüge oder in Tierhäute zu füllen und es zu den durstigen Menschen zu bringen. Eine der wichtigsten Bedeutungen der Luftzeichen ist die des Kommunikativen und Vermittelnden. Ähnlich wie in unseren Breiten der Friseur, kennt der Wasserträger in diesen Ländern den neuesten Klatsch und hält mit jedem gern ein Schwätzchen.

Eine moderne Deutung faßt das Symbol des Wassermanns weiter und setzt es mit der Welle im allgemeinen und der des Stroms im besonderen in Beziehung. In der Tat hat das Zeichen Wassermann viel mit Elektrizität zu tun, ohne die ja auch unsere moderne Kommunikation unvorstellbar wäre.

Kommuni-

Die Rune, deren Bedeutung mit der des Wassermanns am besten korrespondiert, ist die Ansuz-Rune, die mit den Begriffen Bewußtsein, Intelligenz, Kommunikation und Verstand in Verbindung gebracht wird.

kation

ᚠ

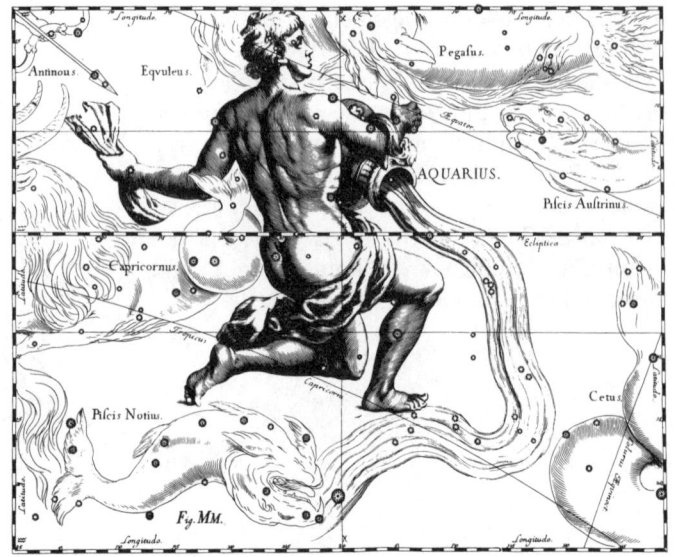

»Typisch Wassermann« – Stärken und Schwächen der Wassermann-Persönlichkeit

Persönliche Stärken in Stichworten

Avantgardistisch, demokratisch, sich einsetzend für Randgruppen oder Ziele, die einen gewissen Idealismus erfordern, erfinderisch, experimentierfreudig, Forscherdrang aufweisend, freiheitsliebend, Freundschaft als Ideal sehend, für Menschenrechte und soziale Fragen engagiert, geistreich, interessiert an humanitären Zielen, intuitiv, liberal, logisch, moralisch, objektiv, ordnend, originell, planend, rational, auf der Suche nach neuen und ungewöhnlichen Erkenntnissen und nach Gelassenheit, unabhängig, an der Vision der perfekten Welt festhaltend, vorausschauend, zukunftsorientiert.

Objektivität

Persönliche Schwächen in Stichworten

Elitär, explosiv, in die geistig-rationale Welt flüchtend (»macht sich selbst die Hände nicht schmutzig«), Gleichberechtigung nur theoretisch realisierend, hassend, hektisch, ideologisch festgefahren, inflexibel, einen Mangel an Selbstvertrauen aufweisend, nervös, reformsüchtig, schnell gelangweilt, starr, theoretisierend, unberechenbar, unbeweglich, ungeduldig, unzufrieden, vergeistigt, wahrheitsfanatisch, zukunftsverliebt.

Nervosität

Archetypus Der klassische Archetypus des Wassermanns ist der Engel. Hiermit sind natürlich nicht die niedlich-kitschigen Putten gemeint, die als geflügelte Säuglinge den Deckenzierat mancher Kirche abgeben, sondern der von den irdischen Fesseln befreite und gereinigte Mensch. In diesem Sinne ist der Wassermann in der Tat das Tierkreiszeichen, das weniger beschreibt, wie der Mensch – mit all seinen Schwächen – ist, sondern vielmehr wie er, bei Entwicklung all seiner Möglichkeiten, sein könnte. In letzter Konsequenz trägt dieses Tierkreiszeichen die Qualität in sich, wie wir sein sollten. So gesehen handelt es sich um ein Ideal. Natürlich ist niemand vollkommen, noch nicht einmal die Wassermänner und -frauen sind es. Den Anspruch, hehre Ideale zu verwirklichen, tragen sie allerdings alle in sich. In welcher Weise die Uranus-Geborenen mit dem Spannungsfeld von Anspruch und Wirklichkeit umgehen, werden wir im folgenden noch genauer erfahren.

Lieber das schlechte Neue als das gute Alte

Intellekt Wie alle Luftzeichen, so hat natürlich auch der Wassermann viel mit dem Intellekt zu tun. Hier ist vor allem das innovative, erneuernde, revolutionäre, zukunftsorientierte Denken gemeint, das uns über unsere eigenen Grenzen hinauswachsen läßt.

Der moderne Archetypus des Wassermanns ist der des Revolutionärs. Dieser beabsichtigt nicht den gewaltsamen Umsturz im politischen Sinne, obwohl der moderne Herrscher des Wassermanns, Uranus, etwa zur Zeit der Französischen Revolution entdeckt wurde. Dies ist insofern bedeutsam, als es in der astrologischen Tradition eine weitverbreitete Überzeugung gibt, der zufolge das Weltgeschehen in der Zeit der Entdeckung eines neuen Planeten viel über dessen Bedeutung aussagt. Daß die Französische Revolution nicht gerade unblutig war, ist allgemein bekannt. Dennoch sind es eher ihre Ideale »Freiheit, Gleichheit, *Ideale* Brüderlichkeit«, die zur Deutung und Bedeutung des Uranus und seines Zeichens, des Wassermanns, beitragen als ihre martialischen Begleitumstände.

Ein Revolutionär im Sinne des Wassermann-Zeichens wäre eher ein Neuerer, jemand, der revolutionäre Ideen hat und neue Dinge schafft, wie etwa der wohl berühmteste Wassermann-Erfinder aller Zeiten, Thomas A. Edison. Das Aufkommen des Computerzeitalters, die Emanzipation der Frau, die Entwicklungen in der Raumfahrt, die sexuelle Revolution – all dies sind Entsprechungen der Wassermann-Qualität.

In den sechziger Jahren, als langhaarige junge Menschen das Establishment verängstigten, war mit einemmal das Wassermann-Zeit- *Wasser-* alter in aller Munde. Im Musical »Hair« wurde *mann-Zeit-* es euphorisch gefeiert, und man erhoffte sich *alter* eine völlig neue Welt ohne Kriege, in der jedermann »love, not war« machen würde. Katalysatoren für diese bessere Zukunft sollten Haschisch, Marihuana und LSD sein, von denen viele Menschen ernsthaft glaubten, daß sie zu einer Bewußtseinserweiterung führten und uns so in bessere Menschen verwandel-

Utopien

ten. Leider funktionierte das Ganze nicht. Wie wir wissen, sind wir von Utopia noch sehr weit entfernt, um genau zu sein, kann niemand ernsthaft beurteilen, ob wir ihm überhaupt auch nur ein Stückchen näher gekommen sind.

Aus heutiger Sicht mögen uns diese Vorstellungen furchtbar naiv und kindlich erscheinen. Doch das waren und sind die Ideale der Französischen Revolution von einer klassenlosen Gesellschaft, in der alle miteinander verbrüdert sind, wohl auch. Und dennoch sind es diese sehr weit entfernten, vielleicht niemals erreichbaren Utopien, die uns die Phantasie und die Kraft geben, unsere Lebensumstände zu verbessern und einer heilen Welt zumindest ein kleines Stückchen näher zu kommen.

In der Welt der Ducks von Entenhausen wäre der typische Wassermann der Ingenieur Daniel Düsentrieb, der mit seinen Erfindungen seiner Zeit so weit voraus ist, daß er beständig Lösungen für Probleme erfindet, die noch gar nicht bestehen. Von allen wird er belächelt, weil er sich trotz des Scheiterns der meisten seiner Ideen immer wieder mit neuer Begeisterung ans Werk macht. Wenn es ernst wird und man sich keinen Rat mehr weiß, wendet man sich dann doch an ihn, und seine unkonventionellen Methoden sind es, die die Ducks und alle Entenhausener immer wieder aus scheinbar ausweglosen Lagen befreien.

»Wieder und wieder befiehlt uns eine Stimme, den alten Trott zu durchbrechen, Sack und Pack zurückzulassen, die Autos zu wechseln und die Richtung zu ändern.«

(HENRY MILLER)

Bei keinem anderen Tierkreiszeichen liegen Genialität und Lächerlichkeit so eng beieinander. Ein Grund dafür ist, daß der Wassermann der Erneuerer im Tierkreis ist und das Neue auf die meisten Menschen am Anfang so gut wie immer ein wenig lächerlich wirkt. Wer sich noch an die Einführung des Sicherheitsgurtes erinnert, weiß, wie viele es albern fanden, sich anzuschnallen. Inzwischen ist es für jedes Kind eine Selbstverständlichkeit. Als das Auto erfunden wurde, standen die Menschen am Straßenrand und lachten über diese seltsame, stinkende Kutsche ohne Pferde. Es gehört auch nicht viel Phantasie dazu, sich vorzustellen, wie merkwürdig es auf einen Menschen etwa aus dem 18. Jahrhundert wirken müßte, wenn er jemanden in ein kleines gläsernes Häuschen gehen sieht, um dort einen knochenartigen Gegenstand an sein Ohr zu halten und lautstark auf diesen einzureden.

Erneuerung

Ein aktuelles Beispiel ist sicherlich die Rechtschreibreform. Man tut sich wohl einfach nur deshalb so schwer mit ihr, weil andere als die gewohnten Schreibweisen immer merkwürdig bis lächerlich wirken. Wer meint, daß es hier tatsächlich um Grundsätzliches und Prinzipielles ginge, unterliegt einem großen Irrtum. Auch der größte Puritaner wird sich wohl kaum an der Schreibweise »Büro« stören, während doch die korrekte und noch vor wenigen Jahrzehnten maßgebliche Schreibweise »Bureau« war.

Aktuelles Beispiel

Die Steinböcke sind die Bewahrer und Erhalter im Tierkreis, die Wassermänner die Erneuerer und Veränderer. Der Satz »Lieber das schlechte Neue als das gute Alte« bringt dies auf den Punkt – ohne Wassermänner gäbe es keinen Fortschritt, nichts ginge vorwärts, alles würde stagnieren. Doch wir alle wissen: Stillstand bedeutet Rückschritt. So hat der Wassermann also mit Wissenschaft, Intelligenz, *Erfindung* Entdeckungen und Erfindungen zu tun, die das Geschick der Menschen in der Gegenwart und in der Zukunft formen und verändern werden.

Die größten, genialsten, weltfremdesten, utopischsten menschlichen Ideen stammen von diesem Luftzeichen, das in seiner tiefsten Bedeutung der biblischen Aufforderung entspricht: »Macht euch die Erde untertan.« Der Wassermann hat nichts gegen die Dinge, wie sie sind, er hat auch nichts gegen die Natur. Doch ist er zutiefst davon überzeugt, daß es nichts und niemanden gibt, was sich nicht verbessern ließe. So hat die Natur dem Menschen keine Flügel gegeben, doch die Wassermann-Qualität hat dafür gesorgt, daß wir trotzdem die Lüfte eroberten. Plastik kommt in der Natur nicht vor, und dennoch ist es in den wenigen Jahrzehnten seit seiner Entdeckung unersetzlich geworden.

Überschreitung von Grenzen Das Denken eines Wassermanns lehrt uns, Grenzen in Frage zu stellen und zu überschreiten. Manchmal tut sich eine völlig neue Welt auf, in anderen Fällen bricht jedoch das Chaos über uns herein. Man muß nicht die Umweltverschmutzung oder die Kernenergie bemühen, um zu sehen, daß Fortschritt auch seine Schattenseiten und Risiken hat.

Wassermann-Geborene gelten als sprunghaft. Es mag deshalb erstaunen, wenn man ihnen – zu Recht – einen Mangel an Flexibilität nachsagt. Doch dies ist durchaus kein Widerspruch: Die Idee, die sich im Kopf eines von Uranus beeinflußten Menschen festsetzt, ist für ihn das gleiche wie der Speck für die Maus oder die Maus für die Katze: Er kann nicht anders, als ihr hinterherzujagen, schließlich könnte sie die Antwort auf all die Fragen offenbaren, die er schon sein ganzes Leben lang mit sich herumträgt. Er ist außerstande, zu widerstehen oder auch nur das Tempo zu drosseln. Von einem Augenblick zum nächsten mag er aus irgendeinem Grunde feststellen, daß er einem Irrtum aufgesessen ist, und ehe man sich's versieht, läuft sein unruhiger Geist (und mit ihm sein Besitzer) in eine völlig andere Richtung – mit der gleichen Faszination und der gleichen Unerbittlichkeit.

> »Da bin ich liberal, flexibel, elastisch, mobil und tolerant – was Sie haben wollen.«
>
> (FRANZ JOSEF STRAUSS)

Ein wirklich flexibler Mensch könnte seine Suche gelegentlich ruhen lassen, eine Pause einlegen oder sich seinem Partner zuliebe vielleicht auch einmal für etwas ganz anderes interessieren. Das ist einem echten Wassermann nicht möglich. Dort, wo er sich eine Antwort erhofft, zieht es ihn hin wie die Motte zum Licht. Selbst wenn er wüßte, daß ihn schlußendlich das gleiche Schicksal wie die Motte ereilte, könnte ihn das nicht zurückhalten. Dies zur Unterscheidung von Flexibilität und Sprunghaftigkeit, womit auch erklärt wäre, warum der Wassermann zu den fixen (= festen, unbeweglichen) Tierkreiszeichen gehört.

Sprung-haftigkeit

Sprunghaftigkeit, mangelnde Flexibilität sowie Ungeduld sind die Haupthindernisse, die ihn von der Verwirklichung seiner Ideale

Ungeduld abhalten können. Gewöhnlich haben diese Menschen wenig Geduld, und sie wollen das Ziel ihrer Träume auf der Stelle vor sich haben. In der Hinsicht sind sie tatsächlich ein bißchen naiv, und ihre Einstellung erinnert an den Spontispruch: »Wir wollen alles, und zwar sofort.« Auch ihre Wahrheitsliebe kann sie nicht daran hindern, ihre Augen vor Menschlichem und Allzumenschlichem zu verschließen. Ein echter Uranus-Geborener mag einfach nicht akzeptieren, daß eine gute Idee »nur« an der menschlichen Natur scheitern soll. Der Kommunismus ist ein geeignetes Beispiel dafür: ein in der Theorie gutes Konzept, das in der Praxis leider nicht funktioniert.

Sinn fürs »große Ganze«

Vertreter dieses Tierkreiszeichens befassen sich gern mit Dingen, die sich stärker auf die Gemeinschaft als auf den einzelnen beziehen. Soziale Themen, Menschenrechte, Pädagogik und Politik liegen ihnen besonders am Herzen, denn schließlich soll die Welt eine bessere werden.

Fairneß Eine der herausragendsten Eigenschaften des Wassermanns ist sein Sinn für Fairneß. Sein Gewissen ist ausgeprägt und oft so entwickelt, daß ihm das Leben unerträglich wird. Die Angehörigen dieses Tierkreiszeichens fallen durch ständige Nervosität auf, die durch die Angst, Fehler zu begehen, verursacht wird.

Andererseits haben viele von ihnen die Tendenz, sich ein wenig als über den Dingen stehend zu sehen, und meinen, so die Position eines Schiedsrichters über andere einnehmen

zu können. Diese Form der Unterstützung ist
bei den Menschen in ihrer Umgebung nicht
immer erwünscht, und in Extremfällen kann
dies die Wassermänner sogar ausgesprochen
unbeliebt machen. Man wird ihnen dann einen
Hang zur Besserwisserei oder noch Unerfreu- *Besser-*
licheres vorwerfen. Doch egal, wie die Dinge in *wisserei*
der Realität aussehen mögen: Ein Wasser-
mann ist in solchen Situationen immer davon
überzeugt, richtig zu handeln, und er wird daher die Ablehnung stolz ertragen.

Ungeachtet seiner privaten Neigungen und
Abneigungen hält er unerschütterlich an seinen Überzeugungen fest, das heißt so lange,
bis er von sich aus zu dem Schluß gekommen
ist, diese korrigieren zu müssen. Dann allerdings sind manchmal Einstellungsänderungen
um einhundertachtzig Grad möglich, und das
über Nacht. Niemals wird ihn jedoch äußerer
Druck von seinen Ansichten abbringen können. Der Versuch, einen Wassermann durch
Argumente zu überzeugen, ist im allgemeinen *Überzeu-*
wenig aussichtsreich. Egal, welche Einstellung *gungen*
er gerade hat – fast immer geht es ihm dabei
um die objektive Perspektive, den großen Ent-
wurf, um Ethik und Prinzipien, nach denen er
leben zu müssen glaubt.

Auch wenn er jemanden nicht ausstehen
kann, wird er ihn in aller Regel dennoch fair
behandeln, schon allein, um ihm seine Überle-
genheit zu demonstrieren. Auch das Bemühen, ein Vorbild zu sein, und die ein wenig
unpersönliche, aber ausgeprägte Menschenliebe sind hier Motive.

Wassermänner müssen oft wegen ihres allzu
innovativen Einsatzes für die Gesellschaft mit

der Zurückweisung durch deren eher konservative Machthaber rechnen. Viele große Denker und geniale Erfinder, deren Entdeckungen das Leben erleichtern und der Menschheit dienen, sind von Uranus regiert.

Andererseits hat der Wassermann etwas an sich, das man als intellektuelle Frömmelei umschreiben könnte. Wie ein aufrichtig religiöser Mensch vermag er die Wissenschaft und den Intellekt zu verehren, und in unbeobachteten Momenten macht er sich zu ihrem Hohepriester. Denn wenn er ganz aufrichtig ist, so hält er sich doch für wesentlich objektiver, gerechter und überhaupt vernünftiger als die meisten seiner Mitmenschen. Nicht, daß er diesen einen Vorwurf daraus macht, keinesfalls, im Gegenteil, im Grunde seines Herzens bedauert er seine Zeitgenossen ob ihres mangelnden Durchblicks. Und er wundert sich sehr, wenn man ihm gelegentlich Überheblichkeit nachsagt.

Wissen-schaft

»Was ist die Mehrheit? Mehrheit ist der Unsinn, Verstand ist stets bei wenigen nur gewesen.«

(FRIEDRICH SCHILLER)

Gefährlich wird es, wenn sein Forscher- und Erkenntnisdrang die Bodenhaftung verliert und sich verselbständigt. Hier kann die Karikatur eines Wissenschaftlers entstehen, dem es nur noch um seinen Ruhm und seine Forschungsergebnisse, aber nicht mehr um das Wohl der Menschen geht. Solche Spezialisten tun Dinge, nur weil sie möglich sind, nicht, weil sie irgendeinen Sinn ergäben. Das Klonen von Tieren oder sinnlose Operationen wären Beispiele für ein derartiges Handeln.

Wie alle Tierkreiszeichen so hat auch der Wassermann einen Widerspruch in sich. Bei

ihm betrifft das seinen Gerechtigkeitssinn sowie seine Menschenliebe und Toleranz. Er *Menschen-*
sehnt sich aufrichtig nach einer Welt, in der *liebe*
es keine Unterdrückung und Ungerechtigkeit
gibt. Er ist jederzeit bereit, seinen Teil dazu
beizutragen, und zutiefst davon überzeugt,
daß jeder Mensch das Recht und die Möglichkeit zu freier Persönlichkeitsentfaltung haben
sollte. Und gleichzeitig glaubt er, daß für ihn
selbst andere Spielregeln gelten müssen als für
die übrigen, er hat eine Abneigung gegen größere Menschenmengen, er kann kalt und über-
heblich wirken und manchmal auch sein.

Die meisten Wassermänner haben Probleme, mit Gefühlen umzugehen. Sie mögen leidenschaftlich und sogar romantisch sein, aber
sobald sie mit dem, was sie als Gefühlsduselei
bezeichnen, in Berührung kommen, wird
ihnen die Sache überaus peinlich, und sie
würden am liebsten im Erdboden versinken.
Dies gilt nicht nur für ihre eigenen (seltenen)
Gefühlsausbrüche, sondern ganz genauso für
die emotionalen Äußerungen anderer, sogar
gewisse Szenen im Fernsehen können sie ausgesprochen unangenehm berühren.

Der typische Vertreter dieses Tierkreiszeichens ist stolz und beherrscht, er betrachtet *Stolz*
Gefühlsäußerungen als Schwäche. Tränen und
Gejammere nutzen bei Wassermännern meist
nur wenig, es kann sie regelrecht in die Flucht
schlagen. Ein sachliches Gespräch bewirkt oft
sehr viel mehr. Es liegt auf der Hand, daß nicht
alle Wassermänner so gefühlsarm sind. Besonders »Wasserfrauen« sind oft hingebungsvoll
und mitfühlend. Dennoch neigen sie dazu,
mehr den Menschen im allgemeinen zu mögen

als ein bestimmtes Individuum. Es stört sie, daß es so viele Krankheiten und soviel Leiden auf der Welt gibt. Deshalb haben Sie auch das

Mitgefühl Mitgefühl einer »Wasserfrau«, wenn Sie über dröhnende Kopfschmerzen klagen. Trotzdem sind nicht wirklich Sie gemeint, sondern eben alle Menschen, die unter Schmerzen leiden.

Das Wassermann-Kind

Böse Zungen behaupten, ein Wassermann-Kind sei ganz leicht daran zu erkennen, daß es mit einem Computer in der Hand auf die Welt komme. Sie sollten besonders darauf achten, daß Sie Ihre technischen Geräte vor Ihrem Sprößling in Sicherheit bringen, solange Sie das noch können, denn diese Kinder lieben alles, was mit elektrischem Strom zu tun hat. In den ersten Lebensjahren kann die Vorliebe und Neugier manchmal nicht ganz ungefährlich sein. Ist das Kind erst einmal fünf oder sechs Jahre alt, vermögen Sie sowieso nichts mehr vor ihm zu verstecken, aber dann wird die größte Gefahr auch schon überstanden sein. Die kleinen Wassermänner haben fast

Technik immer eine außergewöhnliche technische Begabung. Computerspiele werden sie auf der Stelle faszinieren, und viele von ihnen schreiben schon eigene Programme, während ihre Klassenkameraden noch mit den Grundrechenarten kämpfen.

»Zwar weiß ich viel, doch möcht' ich alles wissen.«

(JOHANN WOLFGANG VON GOETHE [FAUST])

Das Wassermann-Kind ist ein eigensinniges, unabhängiges Energiebündel, das im wesentlichen durch Erfindungsgabe und intelligente Neugier auffällt. Es gibt nichts, wofür es sich nicht interessieren kann, je ausgefallener das Thema, um so spannender findet der kleine Wassermann dieses. Falls Ihr Kind Gefallen an Sprachen hat, kann es gut sein, daß es ausgerechnet an Esperanto oder vielleicht der Sprache der Buschmänner mit ihren Schnalzlauten interessiert ist.

Diese Kinder lernen gern, schließlich sind sie außergewöhnlich neugierig und wollen soviel wie möglich wissen und auch verstehen. Trotzdem werden sie in der Schule nicht unbedingt glücklich. Das begrenzte Angebot (kein Esperanto und kein »Buschmännisch«) und der eher starre Frontalunterricht liegen ihnen nicht sonderlich. Auch das Tempo, in dem der Stoff vermittelt wird, ist fast immer das falsche: Wenn sie etwas fesselt, können sie sehr viel Informationen in kurzer Zeit aufnehmen. Bietet man ihnen jedoch weniger, als sie seelisch und intellektuell verdauen können, werden sie sich schnell langweilen und mit den Gedanken abschweifen. So kann es passieren, daß sie selbst in ihrem Lieblingsfach schlechte Noten bekommen.

Auch das Umgekehrte gilt: Wenn ihnen ein Thema nicht liegt, werden sie sehr viel mehr

Zeit als andere benötigen, bis der Stoff »sitzt«.
So sind sie fast immer entweder zu schnell
oder zu langsam. Ideal für sie wäre ein projekt-
orientierter Unterricht, bei dem sich die ganze
Klasse für eine bestimmte Zeit ausschließlich

Lernen mit einem Thema beschäftigt und jeder Schü-
ler die Chance hat, so tief in die Materie einzu-
steigen, wie er möchte. Noch besser wäre vielleicht Einzelunterricht, in dem die Lehrkraft
auf die stark schwankende Aufmerksamkeit
und Aufnahmefähigkeit des Uranus-Kindes in-
dividuell eingehen könnte. Abgesehen davon,
daß diese Lösung die wirtschaftlichen Möglichkeiten der meisten Eltern übersteigen dürfte,
hat sie jedoch auch den Nachteil, daß sie die
starke soziale Komponente der Wassermann-
Kinder außer acht läßt. Sie brauchen, um sich
wohl zu fühlen, die Gesellschaft anderer. Der
regelmäßige intensive Umgang mit anderen
verhindert, daß sie in späteren Jahren trotz
ihrer hohen Begabung zu verschrobenen und
kontaktgestörten Einzelgängern werden. Ein
Risiko, das bei solchen Ausnahmepersönlich-
keiten immer besteht.

Besonders Eltern von Wassermann-Kindern
sollten genau darauf achten, was Sie ihrem
Kind sagen und wie sie mit ihm reden. Sinnvolle Anregungen werden sich in diesem
schöpferischen, scharfsinnigen Geist festset-
zen und ihm innere Sicherheit geben.

Wassermann-Jungen und -Mädchen haben
Freunde eine Unzahl Freunde, oder zumindest sollte
das so sein. Wie bereits angedeutet wurde, ist
der Einfluß von Freunden sehr wichtig für sie
und prägt sie noch mehr als der Einfluß der
Eltern. Gesunde Wassermann-Kinder haben

keine Vorurteile. Für sie ist jeder erst einmal ein Mensch, der entweder freundlich und interessant ist oder eben nicht. Statusdenken ist ihnen völlig fremd. Sie werden Menschen aus allen Gesellschaftsschichten mit jedem nur denkbaren kulturellen Hintergrund zu ihren Freunden zählen. Von allen werden sie viel über sich und das Leben lernen können.

Offenheit

Die Wassermann-Frau

Den meisten Wassermann-Frauen genügen Heim und Familie nicht, um ihre geistigen Fähigkeiten und ihre Interessen angemessen ausleben zu können. Abwasch, Hausputz, Kochen und auch das Aufziehen der Kinder werden sie in den seltensten Fällen in uneingeschränkte Begeisterung versetzen. Da müssen schon deutliche Krebs- oder Jungfrau-Betonungen im Horoskop hinzukommen, um an dieser Situation etwas zu ändern. Männer, die ein »fügsames Weib« suchen, das bewundernd zu ihnen aufblickt und sie niemals in Frage stellt, sind hier an der falschen Adresse.

In nahezu allen Astrologiebüchern wird der »Wasserfrau« unterstellt, daß sie an der Sexualität nur ein sehr mäßiges Interesse hege und der Partner hier keine allzu hochgesteckten Erwartungen haben solle. Dies mag für eine Zeit gestimmt haben, in der Beziehungen in jeder Hinsicht vom Mann dominiert wurden. In der Tat ist die »lustvolle Unterwerfung« selten das Zentrum ihrer erotischen Phantasien. Sie hat durchaus ihre eigenen Bedürfnisse. Übertrieben konventioneller Sex, vielleicht noch an festgelegten Wochentagen zur glei-

Sexualität

chen Uhrzeit, kann sie furchtbar langweilen. Mit einem kreativen und experimentierfreudigen Partner wird die Sache allerdings völlig anders aussehen. Vor allen Dingen haben die meisten der Wassermann-Frauen durchaus die Einstellung, daß Sex und Liebe zwei verschiedene Dinge sind, die sich im Idealfall zwar hervorragend ergänzen, aber eben nicht notwendigerweise zusammengehören.

Gefühle

Wenn es um Gefühle geht, wird es schon etwas schwieriger. Sie halten sie für ein Zeichen von Schwäche – auch wenn sie sich das niemals eingestehen würden –, und Emotionen machen ihnen oft angst, weil sie sich ihnen ausgeliefert fühlen. Die Erkenntnis, in jemanden ernsthaft verliebt zu sein, kann sie regelrecht wütend machen. Die Wassermann-Frau ist in mehrfacher Hinsicht widersprüchlich, und das macht sie für Männer ungeheuer interessant. Andererseits ist sie für viele eine Herausforderung, an der sie hoffnungslos scheitern müssen. In der Regel erwarten Wassermann-Frauen in Beziehungen genausoviel Nähe, Intimität und Zuverlässigkeit, wie sie auch Freiräume, Unabhängigkeit und Eigenständigkeit für sich beanspruchen. Das verlangt von einem Partner sehr viel Selbstbewußtsein, Kreativität sowie Einfühlungsvermögen. Ein »Durchschnittsmann« wäre in dem unberechenbaren Wechselbad aus Bedürfnis nach Nähe und scheinbarer Gleichgültigkeit mehr als überfordert.

Herausfor-
derung

> »Der Mensch ist frei geschaffen, ist frei, und würd' er in Ketten geboren.«
>
> (FRIEDRICH SCHILLER)

Es kann ohne weiteres sein, daß man eine harmonische und intensive Beziehung zu einer Uranus-Frau hat, wenn man ihr die Freiheit läßt, ihren vielfältigen Interessen nachzugehen und sich mit ihren Freunden zu treffen. Zumindest einerseits. Es mag im Zeitalter der Emanzipation chauvinistisch klingen, aber es ist nun einmal eine Tatsache: Wenn ein Partner ihr große Freiheiten einräumt, wird sie das anfangs genießen, sehr bald aber dazu neigen, sich nicht genug geliebt und begehrt zu fühlen. Noch schlimmer ist allerdings das Gegenteil: ein allzu besitzergreifender und eifersüchtiger Partner. An dessen Liebe wird sie wohl kaum zweifeln, dafür aber sehr schnell Beklemmungsgefühle bekommen und sich unerträglich eingeengt fühlen. In manchen Extremfällen geht dies sogar bis hin zu Erstickungsanfällen. Sie sehen also: Wer eine »Wasserfrau« liebt, hat mehrere Möglichkeiten, sich grundsätzlich falsch zu verhalten.

Freiheit

Geld und materielle Sicherheit sind nur sehr selten die vorrangigen Motive einer Uranus-Frau für das Eingehen einer Beziehung. Sie hat nichts gegen Wohlstand oder Status, aber beides ist ihr nicht allzu wichtig und auf keinen Fall wichtig genug, daß dadurch andere gravierende Mängel ausgeglichen würden. Anerkennung, echter Respekt und emotionale Unterstützung sind ihr sehr viel wichtiger. Denn so selbstbewußt sie sich auch geben mag, in Wahrheit fühlt sie sich doch oft unsicher und orientierungslos. Der für sie ideale Partner muß dann das Kunststück fertigbringen, ihr Halt und Selbstvertrauen zu geben, ohne sie dabei zu bevormunden. Sie wird lieber sehenden Auges ihre eigenen Fehler machen, als sich das richtige Verhalten vorschreiben zu lassen.

Wohlstand

Mangel an Argwohn

Ein besonderer Zug der Wasserfrau ist oft ihr Mangel an Argwohn, man könnte es auch Naivität nennen. Solange man ihr nicht das Gegenteil bewiesen hat, wird sie Ihnen und vermutlich auch jedem anderen unterstellen, daß er aufrichtig ist und die Wahrheit sagt. Sie selbst kann im Lügen nur selten Vorteile erkennen, und sie sieht keinen Grund, warum dies bei ihren Mitmenschen anders sein sollte. Natürlich wird sie nicht immer alles offen sagen, vor allem dann nicht, wenn sie mit Unverständnis oder Ärger rechnet. Aber etwas

Lügen

für sich zu behalten oder vorsätzlich lügen, dazwischen liegen für sie Welten. Wurde ihr Vertrauen einmal allzusehr mißbraucht, wird sich das allerdings grundsätzlich ändern. Einem Partner gegenüber, den sie nicht mehr respektiert, kann sie, ohne mit der Wimper zu zucken, das Blaue vom Himmel herunterlügen und ein regelrechtes Doppelleben führen. Hier kommt neben dem Bedürfnis nach Rache allerdings auch immer die Angst hinzu, dem anderen nur auf diese Weise Paroli bieten zu können. Dies ist jedoch die seltene Ausnahme und ein sicheres Zeichen dafür, daß eine Beziehung wirklich nicht mehr zu retten ist. Wassermänner, gleich welchen Geschlechts, sind in der Regel weder nachtragend noch rachsüchtig.

Der Wassermann-Mann

Der Archetypus des wahren Wassermanns ist der des leidenschaftlichen Wissenschaftlers, der all seinen Scharfsinn darauf verwendet, der Natur auch noch ihre letzten Geheimnisse zu entreißen. Genauso stimmig ist aber auch das Bild des ewigen Querulanten, der nicht müde wird, in gesellschaftlicher Hinsicht seine Finger in die Wunden zu legen und auf Ungerechtigkeiten und soziale Mißstände hinzuweisen. Er ist der unbequeme Mahner, der seinen *Mahner* Vorgesetzten und all denjenigen ein Dorn im Auge ist, die wollen, daß die Dinge so bleiben, wie sie sind.

Dadurch, daß er meist recht hat und sich seine Argumente nicht mit leichter Hand vom Tisch weisen lassen, wird die Sache nicht besser. Wassermänner brauchen viele gute Freunde, da sie dazu neigen, ihre Umgebung zu polarisieren, und sie haben durchaus das Talent, sich mächtige Feinde zu schaffen. In früheren Zeiten wurden allzu laute Wahrheitssucher und Neuerer auf dem Scheiterhaufen verbrannt, weil sie es wagten, sich eine unabhängige Meinung zu bilden, und sich nicht blind der weltlichen und kirchlichen Autorität unterwarfen.

> »Das Gleiche läßt uns in Ruhe, aber der Widerspruch ist es, der uns produktiv macht.«
>
> (JOHANN WOLFGANG VON GOETHE)

Diese Neigung, ihr Umfeld in zwei Lager zu spalten und so immer wieder zum Unruhe- *Unruhe-* stifter zu werden, bereitet ihnen durchaus *stifter* Schwierigkeiten. Schließlich sind sie Idealisten, die an das Gute im Menschen glauben und auf eine Zukunft hoffen, in der alle in Frieden und Harmonie zusammenleben können. Daß gerade sie es sind, die mit ihren Meinungen und Vorschlägen häufig Streit und Auseinandersetzungen auslösen, bringt sie in Widerspruch zu ihrer eigenen Grundhaltung. Es ist also kein Wunder, daß sie sich oft innerlich zerrissen fühlen und zu Schuldgefühlen neigen.

Der Forschergeist und die Neugier der Wassermänner auf das Leben lösen häufig mehr *Zerstörung* Zerstörung als Aufbau aus, denn ihre Erfindungen und Erkenntnisse geben uns oft eine Macht, mit der wir noch nicht richtig umgehen können. Jede Neuerung, jede Erfindung, scheint am Anfang erst einmal dazusein, um mißbraucht zu werden. Das läßt sich etwa leicht daran erkennen, daß ausgerechnet das Militär für neue Erkenntnisse am offensten ist und sich diese zunutze zu machen versteht. Bevor man zum Beispiel über die friedliche Anwendung der Kernenergie ernsthaft nachdachte, wurde erst einmal die Atombombe entwickelt und eingesetzt. Kaum war man in der Lage, Starkstrom zu produzieren, erfand man auch schon den elektrischen Stuhl. Kurz nachdem das erste U-Boot funktionierte, setzte man es für militärische Zwecke ein. Mit diesem Dilemma, das sich beim »normalen« Wassermann natürlich in wesentlich weniger dramatischer Form zeigt, müssen die Uranus-Geborenen allein fertig werden. Es ist ein wesentlicher Grund für ihre ständige innere *Unruhe* Unruhe und Nervosität.

Aber das Zeichen des Wassermanns steht auch immer für die Hoffnung, für die Chance, daß sich letztlich alles zum Guten wenden wird. In diesem Sinne sind Uranus-Männer unverbesserliche Optimisten, und das läßt sie Schwierigkeiten aushalten und bewältigen, an denen andere zerbrächen.

Die Bedeutung des Geburtstages

Das folgende Kapitel behandelt die einzelnen Geburtstage, die in Gruppen von jeweils drei Tagen zusammengefaßt sind. Dies erlaubt eine wesentlich persönlichere Deutung, als es über das Tierkreiszeichen allein möglich wäre. Wenn Sie die Aussagen zu den jeweiligen Geburtstagen mit dem, was Sie über das Tierkreiszeichen Wassermann gelesen haben, kombinieren, werden Sie die Wassermann-Persönlichkeit mit Sicherheit noch besser getroffen finden.

Ergänzender Hinweis: Die in den Geburtstagsgruppen gemachten Aussagen leiten sich von den sogenannten »Kritischen Graden« ab. Diese kommen in unterschiedlicher Häufigkeit über den gesamten Tierkreis verteilt vor. Wenn Sie also – etwa beim gründlichen Vergleich verschiedener Bände aus dieser Reihe – zu unterschiedlichen Daten den gleichen Text vorfinden sollten, ist dies kein Fehler, sondern Absicht. Bei diesen Menschen stand die Sonne zum Zeitpunkt der Geburt eben auf dem gleichen »Kritischen Grad«.

19. (20.) bis 21. (22.)1. (29 Grad Steinbock bis 1 Grad Wassermann)

Wer in diesen Tagen geboren wurde, besitzt meist ein unerschütterliches Vertrauen sich selbst und dem Leben gegenüber. Wo ein Problem ist, gibt es auch eine Lösung, so lautet die Devise. Mancher mag die Betreffenden gar

Vertrauen

für naiv halten, weil sie nicht bereit sind, sich durch Rückschläge entmutigen zu lassen. Doch das zeigt nur den Neid der Pessimisten.

Ein solcher Wassermann wird nur sehr selten in eine Lebenslage kommen, die nicht gemeistert werden könnte, und ist sie noch so schwer. Wenn diesen Geburtstagskindern etwas mißlingt, probieren sie es so lange aufs neue, bis es klappt. Besser als die meisten anderen Menschen können sie sich blitzschnell auf neue Situationen einstellen. Spontane Entscheidungen und Unternehmungen lieben sie besonders. Sie scheinen sogar das »schlechte Neue« dem »guten Alten« vorzuziehen. Viele *Reformer* von ihnen sind die geborenen Reformer, die neue Horizonte eröffnen, wodurch nur allzuoft alte Probleme gelöst werden.

Unter ihnen finden sich auch manche begabte Krisenmanager, deren Stärke in der Fähigkeit zu spontanen Entscheidungen liegt, wenn diese notwendig sind. In Situationen, in denen andere die Nerven verlieren, sind Sie die Ruhe selbst. Dafür neigen sie in ruhigen und entspannten Zeiten zu Nervosität.

Gar mancher, der in diesen Tagen geboren wurde, ist ein echtes Arbeitstier oder, wie man so schön neudeutsch sagt, ein Workaholic.

Abwechslung und den Reiz des Neuen brauchen die Betreffenden wie die Luft zum Atmen. Nur wenige von ihnen üben ein Leben *Beruf* lang denselben Beruf aus. Ist dies der Fall, bietet er so viel Abwechslung und neue Herausforderungen, daß Langeweile kaum aufkommen kann.

Besonders sympathisch macht die unter dieser Konstellation Geborenen ihre instinktive Abneigung gegen alle Formen von Gewalt. Sie gehören zu den friedlichsten Menschen auf diesem Planeten. Lediglich wenn man sie oder ihre Lieben angreift, kann sie ein heiliger Zorn ergreifen, wobei der Überraschungseffekt auf ihrer Seite ist: Das Gegenüber hätte ihnen eine solche Reaktion kaum zugetraut und ist deshalb schon überrumpelt, bevor es die Situation überhaupt erfassen konnte.

Friedlich-keit

22. bis 24.1. (2 bis 4 Grad Wassermann)

Die Menschen, die an diesen Tagen geboren wurden, sind immer ungewöhnliche und originelle Persönlichkeiten, die sich durch eine Vorliebe für Extreme auszeichnen. Ein gutes Beispiel ist ihr Ordnungssinn: Entweder sie haben keinen, oder alles muß penibel an seinem Platz sein. Im Umgang mit anderen sind sie entweder außergewöhnlich aggressiv oder besonders freundlich. Ihre Zukunft ist sorgfältig geplant, oder sie leben eher chaotisch in den Tag hinein. Kompliziert wird diese außergewöhnliche Persönlichkeitsstruktur noch durch die Tatsache, daß sie je nach Lebensbereich gegensätzliche Eigenschaften aufweisen können. So mag jemand in seinem Privatleben ein Ordnungsfanatiker sein, während er seinen Arbeitsplatz in dieser Hinsicht vernachlässigt – oder (was häufiger vorkommt) umgekehrt. Manche sind im Umgang mit Untergebenen besonders zuvorkommend, während sie sich mit Arbeitskollegen ständig heftige Auseinandersetzungen liefern und so weiter. So fällt es nicht leicht, sie zu verstehen, und sie haben oft selbst Probleme damit.

Originelle Persönlich-keiten

Doch wer an diesen Tagen geboren wurde,
Selbst- hat die besondere Chance, zu sich selbst zu
findung finden, indem er den Sinn anerzogener Ein-
schränkungen und Tabus immer wieder hinter-
fragt. Auf diesem Weg kann er die Entschei-
dungsfähigkeit erwerben, sich selbst gerecht zu
werden, ohne anderen damit zu schaden, wo es
nötig ist, besondere Opfer bringen und sich
über falsche Moralvorstellungen hinwegsetzen.

Entwickelte Persönlichkeiten versprechen
nicht mehr, als sie halten können. Im Umgang
mit anderen und in der Partnerschaft fällt es
ihnen leichter als vielen anderen, verbindlich
zu sein. Allerdings brauchen sie ihre Zeit, bis
sie bereit sind, sich auf einen anderen Menschen vollständig einzulassen. So genießen sie
in ihrer persönlichen Umwelt eine natürliche
Autorität, sind glaubwürdig, und die anderen
schätzen sie für ihre Zuverlässigkeit.

Menschen, die an diesen Tagen geboren
wurden, haben oft instinktiv verstanden, daß
Verant- man nur für Dinge auf Dauer Verantwortung
wortung übernehmen kann, an denen man auch Freude hat. So ist es zum Beispiel sicherlich wesentlich leichter, einem Partner treu zu sein,
wenn man sich zu diesem körperlich hingezo-
gen fühlt und die Sexualität für beide Seiten
befriedigend ist. Auch geschäftliche Vereinba-
rungen wird man gern und ohne Mühe eingehen und einhalten können, wenn man von
ihnen profitiert.

Menschen mit dieser Konstellation sind oft
überdurchschnittlich ausgeglichen und psy-
chisch gesund, da sie es verstehen, sich ihr
Leben ihren persönlichen Neigungen und Fähigkeiten angemessen einzurichten. Sie setzen

sich Ziele, die sie weder über- noch unterfordern. So verschaffen sie sich Erfolgserlebnisse, die ihnen zu einem gesunden Selbstbewußtsein verhelfen.

Erfolgs-erlebnisse

Falls keine anderslautenden Konstellationen gem entgegenstehen, erfreuen sie sich bis ins Alter einer aktiven Sexualität und robusten Gesundheit.

25. bis 27.1. (5 bis 7 Grad Wassermann)

Wer in diesen Tagen geboren wurde, besitzt ein unerschütterliches Vertrauen der Welt und dem Leben gegenüber. Mancher mag die Betreffenden gar für naiv halten, weil sie einfach nicht bereit sind, sich durch Rückschläge entmutigen zu lassen. Doch das zeigt nur den Neid der Pessimisten.

Vertrauen

Ein solcher Wassermann wird so gut wie niemals in eine Lebenslage kommen, die er nicht meistern könnte, so schwer sie auch sein mag. Wenn diesen Geburtstagskindern etwas mißlingt, probieren sie es einfach so lange aufs neue, bis es klappt. Eine besondere Fähigkeit ist hier, die eigenen Grenzen erkennen zu können: Dinge, die einem nicht liegen oder die einen überfordern, faßt man erst gar nicht ins Auge. So ist der Erfolg in allem, was diese Menschen beginnen, fast schon garantiert. Allerdings besteht oft auch eine gewisse Abneigung gegen Anstrengungen. Nur wenige Menschen mit dieser Konstellation lieben kräftezehrende Hobbys, dafür sind sie einfach zu bequem. Auch bei der Arbeit achten sie darauf, daß sie sich nicht überanstrengen, was ihnen allerdings längst nicht immer in dem

Abneigung gegen Anstrengung

Sponta-
neität

Umfang gelingt, wie sie sich dies wünschen. Besser als die meisten anderen Menschen können sie sich blitzschnell auf neue Situationen einstellen. Spontane Entscheidungen und Unternehmungen lieben sie besonders.

All diese Umstände bewirken, daß die an diesen Tagen Geborenen in Ausbildung und Beruf oftmals ihre Möglichkeiten nicht völlig ausschöpfen, sondern sich mit weniger zufriedengeben. Dennoch verschafft ihnen das im Leben nur in den seltensten Fällen Nachteile. Sie lieben viel zu sehr die Abwechslung, als daß sie Freude an einer zehnjährigen Berufsausbildung mit anschließendem Praktikum finden könnten. So üben auch nur wenige ein Leben lang den gleichen Beruf aus. Ist dies der Fall, bietet er so viel Abwechslung und neue Herausforderungen, daß Langeweile kaum aufkommen kann.

Abneigung
gegen
Gewalt

Besonders sympathisch macht sie – ebenso wie die zwischen dem 19. und 21. Januar Geborenen – ihre instinktive Abneigung gegen alle Formen von Gewalt. Personen, die in diesen Tagen Geburtstag haben, gehören zu den friedlichsten auf diesem Planeten. Lediglich wenn man sie oder ihre Lieben angreift, kann auch sie ein heiliger Zorn packen, wobei der Überraschungseffekt auf ihrer Seite ist: Das Gegenüber hätte ihnen eine solche Reaktion nie zugetraut und ist deshalb schon überrumpelt, bevor es die Situation überhaupt erfassen konnte.

Vor allem Frauen, die an diesen Tagen geboren wurden, neigen überdurchschnittlich oft zu Eisenmangel und Kreislaufstörungen, vor allem zu niedrigem Blutdruck. Hier kann ein mäßiges, aber regelmäßiges Kreislauftraining wie Schwimmen, Laufen oder Radfahren wahre Wunder wirken.

28. bis 30.1. (8 bis 10 Grad Wassermann)

Wer an einem dieser Tage geboren wurde, gehört zu den empfindsamsten Vertretern seines Tierkreiszeichens. Kaum eine Regung der Mitmenschen entgeht diesen Wassermännern. So wissen sie auch über das, was in ihrem Partner vor sich geht, oft schneller und besser Bescheid als er selbst. So schön es für diesen ist, mit jemandem zusammenzusein, der ihn blind versteht und entsprechend auf ihn eingehen kann, hat diese Konstellation doch nicht nur Vorteile: Schließlich hat jeder seine Geheimnisse, die er gern für sich behalten möchte. Wer sich ständig durchschaut fühlt, reagiert auch einmal mit Unbehagen oder Wut. Die an diesen Tagen Geborenen fühlen sich dann durch solche Reaktionen zu Recht verletzt und gekränkt, schließlich können sie nichts für ihren Spürsinn, und sie haben es doch nur gut gemeint. So lernen diese Geburtstagskinder früh, ihre Fähigkeiten, so gut es geht, vor anderen und schließlich sogar vor sich selbst zu verstecken. *Empfindsamkeit*

Viele Menschen mit dieser Konstellation unterschätzen sich und ihre Fähigkeiten. Häufig ist die Ursache hierfür im Elternhaus zu suchen, wo vielleicht zuwenig Nestwärme vorhanden war oder – was oft der Fall ist – zuviel Kritik geübt wurde. Das Resultat ist leider in vielen Fällen eine überkritische Einstellung sich selbst gegenüber: Niemals ist man mit sich und dem, was man erreicht hat, zufrie- *Selbstunterschätzung* den. In – glücklicherweise seltenen – Extremfällen kann dies in einem regelrechten Selbsthaß gipfeln, der jede Lebensfreude im Keim erstickt. Insbesondere bei Frauen kann das sogar zu gesundheitsschädlichen Eßstörungen führen. In Freundschaften und Beziehungen ist es deshalb für diese Menschen besonders wichtig, daß man ihnen Anerkennung und emotionale Unterstützung entgegenbringt. Sobald sie spüren, daß sie jemand wirklich mag und akzeptiert, kennt ihre Dankbarkeit kaum Grenzen, auch wenn sie sich dies selbst vielleicht nicht eingestehen können. Aus Angst, verletzt zu werden, fällt es ihnen oft schwer, anderen zu zeigen, was sie empfinden. Ist jedoch erst einmal das Eis gebrochen, können sie ausgesprochen stürmisch, sogar leidenschaftlich sein. Allerdings dauert es recht lange, bis sie einem anderen Menschen uneingeschränkt vertrauen; und der kleinste Mißklang kann dazu führen, daß sie sich wieder in ihr Schneckenhaus zurückziehen.

Menschen mit dieser Konstellation lieben es, aktiv zu sein, sind meist sportlich und ehrgeizig. Solange ihre Stimmungen sie nicht behindern, können sie in kurzer Zeit Außergewöhnliches leisten. Sogar harte Arbeit kann ihnen Spaß machen und Selbstbestätigung geben.

So vorsichtig sie auch normalerweise vorgehen, in wichtigen Lebenssituationen neigen sie zu vorschnellen Entscheidungen, dies gilt sowohl für den Beruf als auch für Partnerschaften. Hier kostet es sie oft viel Kraft und Ausdauer, um einmal gemachte Fehler zu korrigieren. Zum Glück haben sie von beidem mehr als genug.

Selbsthaß

Aktivität

Viele Menschen mit dieser Konstellation besitzen unentdeckte künstlerische, ästhetische
und organisatorische Fähigkeiten, die sie fördern und entwickeln sollten. Auf diese Weise
können sie einen Ausgleich zu ihren alltägli-
chen Belastungen schaffen.

*Unentdeck-
te Fähig-
keiten*

31.1. bis 2.2. (11 bis 13 Grad Wassermann)

Menschen, die an einem dieser Tage geboren
wurden, haben Großes im Leben vor, und
meist erreichen sie es auch. Ihre Mitmenschen
können keinen größeren Fehler begehen, als
sie zu unterschätzen. Im Glücksfall werden
jene angenehm überrascht ihre Meinung ändern, im schlimmsten Fall ihre Fehleinschät-
zung bitter bereuen. Viele dieser Wassermänner besitzen einen besonders ausgeprägten
Geschäftssinn, und nichts macht ihnen mehr
Freude als kaufen und verkaufen. Die größte Schwierigkeit bei ihren Plänen ist die
schmerzhafte Einsicht, daß man bei allen Dingen im Leben am Anfang beginnen muß. Dabei
stecken sie voller Ideen, was sie alles machen
werden, wenn sie erst einmal »oben« sind. Ihr
Problem ist nicht, ihr Ziel aus den Augen zu
verlieren – das haben sie ständig vor sich –,
sondern die Mühe auf sich zu nehmen, all die
kleinen Schritte dorthin zu unternehmen.
Eigentlich fühlen sie sich zu Höherem berufen. Die größte Falle ist für sie daher, sich für
die notwendigen Lehrjahre zu fein zu sein.
Menschen, die diesen Fehler begehen, bleibt
nichts als ihre große Vision – an eine Verwirklichung ist nicht mehr zu denken.

*Geschäfts-
sinn*

Charme Beeindruckend sind ihre Überzeugungskraft und ihr Charme. Diese Kombination macht sie für viele regelrecht unwiderstehlich, so daß es ihnen so gut wie immer gelingt, Mitstreiter für ihre Projekte zu gewinnen.

Im Umgang mit anderen sind sie großzügig und tolerant, solange niemand ihren Führungsanspruch in Frage stellt. Wer dies wagt, kann im Zweifel sein blaues Wunder erleben.

Ihre oft außerordentlichen Fähigkeiten und ihre Wirkung auf andere können zu Überheblichkeit und Selbstüberschätzung führen, eine der größten Gefahren dieser Konstellation. Dann gehen sie Risiken ein, die in Extremfällen mit einer Katastrophe enden können. Deshalb sind für sie Freunde und Partner wichtig, die sie nicht nur hemmungslos bewundern, sondern ihnen mit konstruktiver Kritik helfen, »auf dem Teppich« zu bleiben.

Ausland Viele dieser Menschen haben eine besondere Affinität zum Ausland. Sei es, daß sie so oft wie möglich in die Ferne reisen, sei es, daß sie berufliche Verbindungen zum Ausland haben oder Freunde oder der Partner aus einem anderen Kulturkreis stammen.

Leber, Dickdarm und Zähne sind bei vielen Menschen, die in diesen Tagen geboren wurden, Schwachpunkte. Sie sollten deshalb zurückhaltend im Alkoholkonsum sein und auf eine gesunde Ernährung achten.

3. bis 5.2. (14 bis 16 Grad Wassermann)

Menschen, die an einem dieser Tage geboren wurden, sind in der Umsetzung ihrer Arbeitsaufgaben und persönlichen Pläne recht spontan. Manche würden sie gar als unbeständig bezeichnen. Ihre mangelnde Konsequenz läßt sie vielleicht ein wenig chaotisch erscheinen, dafür sind sie begeisterungsfähig und nur sel- *Begeiste-* ten nachtragend. Da sie selbst Wortbrüchig- *rungsfähig-* keit nicht mögen, gewöhnen sie sich oft schon *keit* früh an, feste Zusagen, wann immer es geht, zu vermeiden. Denn Versprechen, die man nicht gibt, kann man auch nicht brechen.

Alles Durchschnittliche und Mäßige miß- fällt ihnen. »Entweder richtig oder gar nicht«, das scheint ihre Devise zu sein. Ihr Verhal- ten mag auf manche schon fast manisch- depressiv wirken; wenn sie für etwas entflam- men, dann ist die Begeisterung im wahrsten Sinne des Wortes grenzenlos. Doch dieser Überschwang kann blitzschnell in heftigste Ernüchterung umkippen, genügt bei ihnen doch schon eine Kleinigkeit, um Enthusias- mus in Enttäuschung zu verwandeln. Da ihr Herz allzu schnell Feuer fängt, sind sie von Euphorie gepackt, bevor sie den tatsächlichen Sachverhalt auch nur annähernd überschauen können.

Ausdauer und Geduld gehören nicht immer zu den von ihnen geschätzten und kultivierten Eigenschaften. »Was du tun willst, tue gleich«, so lautet ihr Motto offensichtlich. Wünsche und Pläne werden unmittelbar in die Tat umgesetzt, was auch notwendig ist, da sich die Interessen häufig ändern. So erwirbt man sich ein umfang- reiches Wissen zu einer Vielzahl von Themen- *Wissen* kreisen, die sich gegenseitig ergänzen. Viele der Betreffenden verfügen deshalb über eine große Zahl von Ausbildungs- und Lebenserfahrungen, die sie zu gefragten Experten machen.

6. bis 8.2. (17 bis 19 Grad Wassermann)

Typische Vertreter

Menschen, die an einem dieser Tage geboren wurden, sind die typischsten Vertreter ihres Zeichens. Die meisten von ihnen sind regelrechte Glückskinder. Was sie anpacken, gelingt ihnen auch so gut wie immer. Die Schwierigkeiten in ihrem Leben scheinen nur dafür dazusein, damit sie sich beweisen können, daß es kaum etwas gibt, mit dem sie nicht fertig werden. Diese Menschen brauchen regelrecht große Herausforderungen, um sich selbst zu bestätigen und an ihnen zu wachsen. Ein Leben, das allzusehr in überschaubaren Bahnen verläuft, gibt ihnen nicht das Gefühl von Sicherheit, sondern sie langweilen sich schlicht zu Tode.

Mancher geht in solchen Situationen unnötige Risiken ein. Das können gefährliche Sportarten, der Hang zum Glücksspiel oder gar illegale Aktivitäten sein. Und das alles nur, um sich ein wenig Nervenkitzel zu verschaffen. Wenn sie dann einige Jahre später zurückblicken und sich an ihre »Jugendsünden« erinnern (die durchaus nicht nur in der Jugend begangen werden), erschrickt so mancher nachträglich und ist baß erstaunt, trotz soviel sträflichen Leichtsinns mit heiler Haut davongekommen zu sein.

Viel besser sind diejenigen dran, die ihre überschießende Lebensenergie schon frühzeitig in konstruktive Bahnen lenken konnten. Menschen, die ihre berufliche Karriere auf der Überholspur machten, sind überdurchschnittlich häufig an diesen Tagen geboren. Ihre zahl-

Erfolge

reichen Erfolge sind niemals etwas, das sie auf Dauer befriedigen könnte, sondern lediglich Etappen auf einem Lebensweg, der kein end-

gültiges Ziel zu kennen scheint. Diese Wasser-
mann-Geborenen müssen darauf achten, daß
sie sich und ihren Angehörigen auch einmal ein
wenig Muße gönnen. Denn was nützen Erfolg
und Wohlstand schon, wenn man sich nicht die
Zeit nimmt, diese auch einmal zu genießen?

In Beziehungen verlangen sie ihrem Partner
ein hohes Maß an Toleranz ab. Das macht eine *Toleranz*
Lebensgemeinschaft oder eine Ehe nicht einfacher. Nicht jeder ist dafür geschaffen, mit
einem derartigen Energiebündel umgehen zu
können. Wer es allerdings mit ihnen aushält,
wird dafür mehr als reichlich belohnt: In
puncto Großzügigkeit und Hilfsbereitschaft
nimmt es so schnell keiner mit ihnen auf.

9. bis 11.2. (20 bis 22 Grad Wassermann)

Wer an einem dieser Tage geboren wurde, für
den ist das Wort »Einsamkeit« scheinbar ein
Fremdwort. Die Betreffenden brauchen bloß
vor die Tür zu gehen, und schon lernen sie jemanden kennen, oder sie sehen einen alten Bekannten wieder. Es scheint eine fast magische
Ausstrahlung von ihnen auszugehen, so daß
fast jeder, der mit ihnen in Berührung kommt,
auch mit ihnen zu tun haben möchte.

Dieser Effekt ist viel zu intensiv, als daß er
ihnen verborgen bleiben könnte. Schon früh in
ihrem Leben lernen sie, mit ihrer besonderen *Besondere*
Ausstrahlung umzugehen: Wer auf sie zugeht, *Ausstrah-*
erhält eine freundliche, aber völlig unverbind- *lung*
liche Reaktion. Je mehr jemand den Kontakt
zu ihnen sucht, um so geschickter entziehen
sie sich. Dabei werden sie sich hüten, jemanden vor den Kopf zu stoßen oder ihm zu sagen,

Geheim-
nisvolle
Menschen

daß sie an ihm nicht interessiert sind. Sie verstecken sich einfach immer mehr hinter ihrer äußeren Fassade. Damit werden sie natürlich mit der Zeit undurchschaubarer und geheimnisvoller und damit erst recht interessant und begehrenswert. Dieser Umstand öffnet ihnen alle Türen. Ob im Beruf oder im Privatleben, sie haben immer die richtigen Beziehungen, um das zu bekommen, was sie wollen.

Insgeheim leiden sie jedoch auch unter diesem Umstand. Schließlich wollen sie sich beweisen, daß sie aus sich heraus, allein und ohne fremde Hilfe ihr Leben meistern und ihre ehrgeizigen Ziele erreichen können. Doch wem die Tür geöffnet wird, der macht sich nur selten die Mühe, sie selbst zu schließen, um sie anschließend einrennen zu können. Deshalb leidet mancher heimlich unter Minderwertigkeitsgefühlen, da ihm jede echte Selbstbestätigung fehlt: Es sind immer die anderen, die ihm Anerkennung geben.

Persönlich-
keitsent-
wicklung

Sosehr sie vom Schicksal bevorzugt sind, so schwierig ist es auch, ihre Lebensaufgabe zu meistern: nämlich eine Persönlichkeit zu entwickeln, die sich Ziele setzt und anstrebt, die nur alleine erreicht werden können. Denn so läßt sich die Angst vor Intimität und emotionaler Nähe überwinden, nur so kann echte Partnerschaftsfähigkeit erlernt werden.

12. bis 14.2. (23 bis 25 Grad Wassermann)

Wer an einem dieser Tage Geburtstag hat, ist meist eine echte Genießernatur. Die angenehmen Seiten des Lebens üben einen unwiderstehlichen Reiz auf diese Menschen aus. Und wenn sie ehrlich sind, geben sie auch gern zu, daß sie gar kein Bedürfnis danach haben, zu widerstehen. Allerdings sieht man vielen von ihnen ihre Vorliebe für gutes Essen und Trinken mit der Zeit auch an, ein Umstand, der sie nicht kaltläßt. Schließlich sind sie Ästheten, und sie wollen nicht nur schöne Dinge um sich herum haben, sie wollen auch selbst schön sein.

Genießer-natur

Ihre grundsätzliche Lebenseinstellung ist: leben und leben lassen. Die meisten von ihnen sind erstaunlich gutmütig, es liegt ihnen kaum daran, in Wortgefechten zu obsiegen oder immer das letzte Wort zu behalten. Im Gegenteil: Sie sind beeinflußbar und immer bereit, sich von anderen inspirieren zu lassen. Wird ihre Gutmütigkeit allerdings allzu offensichtlich ausgenutzt, können sie zu Furien werden. Ehrgeiz plagt sie nur so lange, bis sie eine Lebenssituation geschaffen haben, in der sie sich behaglich einrichten können. Ab dann bedeuten ihnen Freizeit und das Zusammensein mit Freunden mehr als gesellschaftliche Anerkennung, Karriere oder gar Ruhm.

Oft besteht eine künstlerische Begabung. Dies gilt vor allem für die Musik. So besitzen viele Kunst- und Musikkritiker diese Konstellation. Doch auch Feinschmecker und Weinkenner sind besonders häufig vertreten. Manche werden aktive Künstler, sei es in der Musik, der Malerei, der bildenden Kunst, dem Theater oder dem Tanz. In solchen Fällen ergibt sich eine Karriere häufig eher zufällig oder fast gegen ihren Willen: Wenn sie von einer Sache völlig begeistert sind, vergessen sie einfach ihren Hang zum bequemen Leben, und bei ent-

Künstlerische Bega-bung

sprechendem Talent stellt sich der Erfolg fast zwangsläufig ein.

15. bis 17.2. (26 bis 28 Grad Wassermann)

Die Menschen, die an diesem Tag geboren wurden, zeichnen sich fast immer durch eine besondere Geradlinigkeit aus. Sie leben nicht in den Tag hinein, sondern verfolgen hochgesteckte und ehrgeizige Ziele. Dafür sind sie auch bereit, Opfer in Kauf zu nehmen. Es ist nicht ungewöhnlich, daß sie bereits als Kinder oder Jugendliche wissen, welchen Beruf sie einmal ergreifen wollen, und was sie sich einmal in den Kopf gesetzt haben, das erreichen sie auch. Meist sind sie zurückhaltend und ernsthaft, so daß sie mancher leicht unterschätzt. Wer aber einen zweiten Blick riskiert, merkt schnell, daß ihnen einfach nichts daran liegt, sich vorteilhaft in Szene zu setzen. Immer geht es ihnen um die Sache und nicht um die Show.

Geradlinig-keit

So sind sie besser als andere Menschen in der Lage, Situationen sachlich zu beurteilen. Ungefragt werden sie ihre Ansichten nur selten mitteilen, aber es lohnt sich immer, sie danach zu fragen. Ihr ausgeprägter Gerechtigkeitssinn macht sie zu guten Anwälten – im wörtlichen und im übertragenen Sinne. Wenn sie für eine gute Sache kämpfen, können sie eine unerwartete Begeisterungsfähigkeit und Überzeugungskraft entwickeln. In Verbindung mit ihrer Zähigkeit bildet dies die optimale Voraussetzung, um ihren Interessen zum Durchbruch zu verhelfen.

Überzeu-gungskraft

Menschen, die in diesen Tagen geboren wurden, brauchen oft länger als andere, um persönliche oder berufliche Entscheidungen zu fällen, schließlich will alles bei ihnen genau überlegt sein. Auch in Beziehungen lassen sie sich Zeit, bevor sie sich endgültig binden. Oft sind sie hier ein wenig schüchtern oder sogar unsicher. Wenn sie jedoch einmal ihr Herz verschenkt haben, sind sie treue und verläßliche Partner.

18. bis 20.2.* (29 Grad Wassermann bis 1 Grad Fische)

Diese Konstellation deutet auf ein umtriebiges Temperament hin. Man hat meist kein rechtes »Sitzfleisch«, muß ständig in Bewegung sein und reagiert nervös, wenn man einmal zur Ruhe verurteilt ist. *Umtriebiges Temperament*

Der Handlungs- und Aktionsdrang ist so groß, daß oft viele Projekte gleichzeitig angegangen werden. Im Berufsleben ist das genauso wie im Privatbereich. Freilich ist damit nicht gesagt, daß Angefangenes auch zu Ende geführt wird. In der Regel trifft eher das Gegenteil zu, zuviel wird begonnen, und zu gering sind Ausdauer und Geduld ausgeprägt. Stören wird das diese Menschen selten, sie brauchen all ihre Energie, um die Folgen, die sich aus gelungenen Projekten ergeben, zu bewältigen. *Ungeduld*

Diese Konstellation kann auf ein gesteigertes Mitteilungsbedürfnis, manchmal bis hin zur Geschwätzigkeit, weisen.

---

* Da nicht alle Monate exakt 30 Tage zählen, sind sie nicht immer 1:1 mit den 30 Graden des Tierkreiszeichens in Deckung zu bringen. Außerdem verschiebt sich der Beginn eines Zeichens jährlich ein wenig. Der 20.2., der nicht zum Wassermann-Zeitraum gehört, steht hier für 1 Grad Fische.

Oft sind besondere intellektuelle Fähigkeiten und eine robuste Konstitution vorhanden.
Wer an diesen Tagen geboren wurde, wirkt oft
Jugendlich- bis ins höhere Alter ausgesprochen jugendlich.
keit Häufig werden auch Partnerschaften mit wesentlich jüngeren Partnern eingegangen.

Wenn andere Konstellationen im Horoskop
dies bestätigen, können besondere schauspie-
lerische Neigungen und Fähigkeiten vorliegen.
Falls keine anderen Aspekte dem deutlich wi-
dersprechen, haben die an diesen Tagen Geborenen die beneidenswerte Fähigkeit, sich in
jeder Umgebung im besten Licht darstellen zu
können. Ohne daß sie etwas Besonderes unternehmen müßten, halten andere Menschen
sie sehr schnell für kompetente und sympathi-
sche Persönlichkeiten, zu denen sie gerne in
Kontakt treten.

Die angeborene Begabung, eigene Standpunkte so zu formulieren, daß sie einerseits
beeindrucken, hinwiederum Andersdenkende
nicht vor den Kopf stoßen, macht sie zu be-
gehrten Gesprächs- und Diskussionspartnern.

Da sich höherentwickelte Persönlichkeiten
mit dieser Konstellation oft eine erstaunlich
Gute All- umfangreiche und profunde Allgemeinbildung
gemein- erworben haben, ohne dabei dogmatisch oder
bildung besserwisserisch zu werden, akzeptiert man
sie auch gern als Vermittler in Auseinandersetzungen. Sie verstehen es, glaubwürdig und
unparteiisch die Gemeinsamkeiten in unterschiedlichen Standpunkten hervorzuheben,
so daß gelegentlich sogar die Aussöhnung zwischen verfeindeten Parteien gelingt.

Welcher Mond-Typ ist der Wassermann?

Jeder Mensch hat neben seinem Sonnen- auch ein Mondzeichen. Das Zeichen, in dem die Sonne steht, spiegelt unser Handeln wider, während das Mondzeichen Auskunft über unser Gefühlsleben gibt. Sie können also zum Beispiel ohne weiteres gleichzeitig Wassermann(-Sonne) und Krebs(-Mond) sein.

Gefühlsleben

Gerade wenn Sie einigen Aussagen zum typischen Wassermann gar nicht recht folgen können, sollten Sie einmal unter dem Mondzeichen des Betreffenden nachschauen. In vielen Fällen werden Sie hier die Erklärung finden, warum und in welcher Weise er sich von anderen Wassermännern unterscheidet.

Für eine individuelle Horoskopdeutung ist das Mondzeichen eigentlich noch wichtiger als das Sonnenzeichen. Der Grund, warum das Mondzeichen längst nicht so bekannt ist und dementsprechend auch nicht ausreichend gewürdigt wird, liegt wie gesagt einfach an einem technischen Problem: Während Sie Ihr Sonnenzeichen leicht über Ihr Geburtsdatum feststellen können, ist dies beim Mondzeichen nicht so einfach.

Individuelle Horoskopdeutung

Hier wurden bisher Spezialtabellen, sogenannte Ephemeriden, benötigt, oder man bediente sich eines Computerprogramms. Mit Hilfe der Tabelle im Anhang (»Die Bestimmung des Mondzeichens«) können Sie allerdings sehr leicht das persönliche Mondzeichen des Wassermanns feststellen.

Widdermond

Die Kombination von Sonne im Wassermann und Mond im Widder weist auf ein unschlagbar energisches Temperament hin, das mit der Fähigkeit verbunden ist, in fast allen wichtigen Lebenssituationen schnell und richtig zu handeln. Auf diese Weise können viele Fehler vermieden werden, die sich ergäben, wenn die Betreffenden im falschen Moment zögerten oder zauderten.

Wer unter dieser Zeichenkombination geboren wurde, weiß, daß er für sich und seine Handlungen selbst verantwortlich ist. Doch er weiß auch, daß er sich auf die Unterstützung von Freunden und Bekannten fast blind verlassen kann, wenn er diese wirklich benötigt. Umgekehrt können auch die Menschen in seiner Umgebung in schwierigen Situationen auf ihn zählen. Das macht den Umgang mit ihm in aller Regel angenehm, trotz seiner Ecken und Kanten, denn nichts ist ihm peinlicher, als anderen zur Last zu fallen.

Nur selten werden Menschen mit dieser Konstellation andere für eigene Fehler verantwortlich machen, und so nehmen sie es auch gelassen hin, wenn Mitmenschen, die ihnen nicht allzu nahe stehen, über ihren Eigensinn gelegentlich den Kopf schütteln. Schließlich ist es ihr Leben, und sie sind nicht auf der Welt, um es allen recht zu machen.

Hilfsbereit- schaft Die entwickelten Persönlichkeiten unter ihnen zeichnen sich durch besondere Hilfsbereitschaft aus, die sie nicht an die große Glocke hängen, sie erwarten auch keinen besonderen Dank dafür. Gerade in schweren Krisen fällt es ihnen selbst nicht leicht, Hilfe anzunehmen. Sie haben an sich den Anspruch, mit allen Problemen des Lebens aus eigener Kraft fertig zu werden, und sind deshalb oft zu stolz, andere um Rat oder gar um finanzielle Unterstützung zu bitten. *Stolz*

Kein Mensch kann jedoch ohne andere bestehen. Manche Widdermond-Geborene begehen den Fehler, sich immer und ausschließlich auf sich selbst zu verlassen, und übersehen dabei, daß sie keines ihrer Ziele ohne die Unterstützung und Mithilfe anderer erreichen können. Im Extremfall kann hier aus Unabhängigkeit sogar Ignoranz werden. Sie wollen keinen Rat akzeptieren, auch dann nicht, wenn er von wohlmeinender und berufener Stelle kommt.

In den meisten Fällen führen private und berufliche Krisen letztendlich zu der Einsicht, daß ein Weiterkommen nur möglich ist, wenn das Wissen und Können anderer in das eigene Leben mit einbezogen wird. Gerade bei außergewöhnlich starken Persönlichkeiten kann es aber passieren, daß sie sich so lange ausschließlich auf sich selbst verlassen, bis sie sich in eine derart aussichtslose Lage manövriert haben, daß eine sinnvolle Lösung kaum noch möglich ist.

Die größte Herausforderung für Widdermond-Geborene ist zweifellos das Erlernen echter Begegnungsfähigkeit. Fühlen und Handeln sind hier oft so widersprüchlich, daß man Schwierigkeiten hat, sich selbst zu verstehen. Um so schwerer ist es dann, auf andere angemessen zuzugehen. Partnerschaft, Freunschaft *Aufgaben*

Offenheit und Vertrauen

und Familie können nicht mit dem gleichen Mißtrauen und Konkurrenzbewußtsein angegangen werden wie das übrige Leben. Hier gilt es, echte Offenheit und Vertrauen zu erlernen. Nur das Bemühen um diese Fähigkeiten schafft die Möglichkeit für ein zufriedenes und ausgeglichenes Leben.

Für diese Menschen ist es eine echte Lernaufgabe, zu begreifen, daß es kein Zeichen der Schwäche ist, zuzugeben, wenn man einmal mit seinem Latein am Ende ist, im Gegenteil. Unbewußt haben sie Angst, aus ihrem Freundes- und Bekanntenkreis ausgeschlossen zu werden, wenn man ihnen anmerkt, daß sie Hilfe benötigen. Diese Sorge ist unbegründet. Denn die Menschen, die sie selbst immer wieder unterstützt haben, werden sich freuen, wenn sie sich revanchieren können.

Stiermond

Bei dieser Konstellation kommen unüberlegte und impulsive Handlungen selten vor. Steht die Sonne allerdings im Wassermann, ergibt sich häufig eine merkwürdige Mischung aus Sturheit und plötzlichen und überraschenden Richtungswechseln.

Geld

Stiermond-Geborene haben im allgemeinen ein gutes Verhältnis zum Geld. Wann immer es möglich ist, werden sie darauf achten, daß sie mehr einnehmen, als sie ausgeben. Deshalb gelingt es ihnen auch, sich in guten Zeiten nennenswerte Ersparnisse zurückzulegen. Bei manchen der Stiermond-Geborenen kann die

Sparsamkeit übertriebene Züge annehmen. Allerdings gibt es hier auch den Gegentyp. Bei diesem besteht häufig eine Tendenz zu riskanten Spekulationen und windigen Geschäften, die angeblich über Nacht riesige Gewinne bringen sollen. Solche Aktionen können sie sehr viel Lehrgeld kosten oder gar um ihr Vermögen bringen. Manche Stiermond-Geborene mit einer Wassermann-Sonne neigen dazu, von einem Extrem in das andere zu fallen: Während sie in einer Situation größte Risiken eingehen, verhalten sie sich in der nächsten übervorsichtig. Ihrem beruflichen Erfolg ist das nicht immer zuträglich.

Gegentyp

Wenn sie haben, was sie wollen, tun sie alles, um es nicht wieder zu verlieren, denn einmal erlangte Vorteile gilt es zu erhalten und zu mehren.

Die Praxis hat gezeigt, daß viele erfolgreiche Menschen, die mit neuen Technologien (beispielsweise im Computerbereich) zu tun haben, diese Konstellation aufweisen.

Wissen, das nicht konkret anwendbar ist, interessiert Stiermond-Geborene nur in den seltensten Fällen. Umgekehrt sind sie in der Lage, auch scheinbar völlig verkopfte Theorien oder Einstellungen in die Praxis umzusetzen.

Viele besitzen ein auffällig gutes Gedächtnis, das scheinbar jeden Eindruck, jeden Gedankengang archiviert und allzeit zum Abruf bereit hält.

Gutes Gedächtnis

Ihr Engagement für ihre Freunde, für Familie und Bekannte ist in vielen Fällen beeindruckend. Vor allem für sozial Schwache und Gestrauchelte setzen sie sich ein, ohne dabei Rücksicht auf die öffentliche Meinung zu neh-

men. Wenn es um Menschen und Mensch-
lichkeit geht, interessieren sie Ideologien und
Dogmen überhaupt nicht mehr. Instinktiv ist
ihnen der Unterschied zwischen persönlichen
Ansichten und praktischen Notwendigkeiten
bewußt. Inhumanes Verhalten oder sklavisches
Festhalten an bürokratischen Regeln kommen
bei ihnen nur in den seltensten Fällen vor. Ihre
Fähigkeit, auf zerstrittene Parteien versöhnend
einzuwirken, wird von den Menschen in ihrer
Umgebung sehr geschätzt.

Sinnlichkeit Keine andere Mond-Konstellation weist so
viel angeborene Sinnlichkeit und Genußfähigkeit auf wie diese. Essen, Trinken, geselliges
Beisammensein und nicht zuletzt die Sexualität können intensiv genossen werden. Aus
dieser lebensfrohen Einstellung ziehen diese
Menschen die Kraft, um auch mit schwierigen
Situationen zurechtzukommen.

Wenn auch nicht alle, so besitzen doch viele
Stiermond-Geborene einen umwerfenden Hu-
mor, der meist bodenständig bis derb ist. Zumindest aber ist ein gewisser »Mutterwitz«
vorhanden, der es ihnen leichtmacht, Span-
nungssituationen die Spitze zu nehmen.

Der größte denkbare Hemmschuh für eine
weiter gehende Persönlichkeitsentwicklung ist
Opportu- der Hang zum Opportunismus. Das eigene
nismus Fähnchen wird immer nach dem Wind ausgerichtet, der den größten Geldsegen verspricht,
ohne sich dabei von moralischen oder ethi-
schen Problemen allzusehr irritieren zu lassen. Als Konsequenz verlieren alle Dinge im
Leben ihren persönlichen Wert, auch der
größte materielle Erfolg kann nicht mehr befriedigen.

Stiermond-Geborene sind wahrhafte Überlebenskünstler, deren Bodenständigkeit sie *Überlebens-* auch mit den schwierigsten Krisen im Leben *künstler* zurechtkommen läßt. Es gelingt ihnen jedoch nur unter größten Anstrengungen, freiwillig Opfer zu bringen, auf etwas zu verzichten oder finanzielle Einbußen in Kauf zu nehmen. Hier muß gelernt werden, daß auch geistige Werte kostbar sind, und zwar in vielen Fällen weitaus mehr als die materiellen. Erst wenn man sich moralische, ethische oder religiöse Prinzipien zu eigen gemacht hat, nach denen das Leben ausgerichtet werden kann, ist es möglich, materiellen Wohlstand wirklich zu schätzen.

Wer mit dem Mond im Tierkreiszeichen Stier geboren wurde, muß lernen, daß es in diesem Leben keine endgültige Sicherheit und keine absolute Gewißheit gibt. Nur so können Existenzängste überwunden sowie Lebensfreude und Genußfähigkeit voll entwickelt werden.

Zwillingsmond

Es gibt keine besseren Verhandlungspartner *Gute Ver-* als Menschen mit dem Mond in den Zwillin- *handlungs-* gen. Wenn Sie jemanden brauchen, der Ihnen *partner* hilft, einen anderen von einer Sache zu überzeugen, suchen Sie sich jemanden mit dieser Konstellation. Er kann Positionen glaubhafter vertreten, von denen er im Grunde nicht die geringste Ahnung hat, als mancher Experte.

Eine Wassermann-Sonne-Zwillinge-Mond-Kombination spricht für eine außergewöhnlich ausgeglichene und umtriebige Persönlichkeit, die über mehr Energie und Kommunikationsfähigkeit verfügt, als die meisten Menschen in ihrer Umgebung. Nichts macht Wassermänner mit einem Zwillingsmond glücklicher, als *Mitteilungs-* wenn sie sich anderen mitteilen können, sei es *drang* mündlich oder schriftlich. Da sie mehr Gedanken zu vermitteln haben, als ein normales Gegenüber verkraften kann, schafft hier nur ein großer Freundeskreis oder ein passender Beruf Abhilfe. So nimmt es nicht wunder, daß viele Menschen mit dieser Konstellation erfolgreich und gern einer Lehrtätigkeit nachgehen.

Die wenigen Zwillingsmond-Geborenen, die nicht zum Typus des Kommunikationsathleten gehören, verfügen oft über eine außerordentliche sportliche Begabung. Für diese Menschen ist regelmäßiges Training häufig die Voraussetzung für ihr seelisches und körperliches Gleichgewicht, da für ihre überschießende physische Energie und ihre permanente seelische Anspannung auf diese Weise ein Ausgleich geschaffen wird. Die Praxis hat gezeigt, daß Men- *Allergien* schen mit dieser Konstellation oft an Allergien, insbesondere im Atemwegsbereich leiden, die durch einen solchen Ausgleich bis hin zur Beschwerdefreiheit gemildert werden können.

Vor allem bei Themen, die sie nicht unmittelbar persönlich betreffen, können sie außergewöhnlich unvoreingenommen das Für und Wider unterschiedlicher Standpunkte abwägen. Das macht sie zu beliebten Diskussionspartnern und ausgezeichneten Schlichtern in Auseinandersetzungen.

Die Gabe, in Wort und Schrift allgemeinverständlich und überzeugend sein zu können, wird von ihnen häufig als so selbstverständlich erlebt, daß sie dies – völlig zu Unrecht – oft überhaupt nicht mehr als persönlichen Vorzug empfinden.

Menschen mit einem Zwillingsmond und der Sonne im Wassermann erfreuen sich in der Regel eines besonders großen und außergewöhnlichen Freundeskreises, der oft internationales Flair hat. Sie haben häufig bis ins hohe Alter eine jugendliche Ausstrahlung und überraschen ihre Umgebung durch spontane Einfälle und Vorschläge. Sie lieben die Beweglichkeit, sei es im geistigen oder im körperlichen Bereich. Begeisterungsfähigkeit und Spontaneität gehören zu ihren sympathischsten Eigenschaften, die man bei ihnen auch keinesfalls unterdrücken sollte, da sie sonst mit Krankheiten oder sogar Depressionen reagieren können.

Freunde

Viele Zwillingsmond-Geborene laufen Gefahr, ihr gesamtes Leben auf der Überholspur zu verbringen. Da bleibt kaum Zeit, sich mit jemandem oder etwas wirklich intensiver zu beschäftigen. Auch Fingerspitzengefühl und Rücksichtnahme müssen zurückstehen, wenn es um die Sache geht. Wer nicht gelernt hat, sich genügend Zeit für Freunde und Partner zu nehmen, läuft Gefahr, oberflächlich und gefühlskalt zu werden. Wassermann-Sonne-Zwillinge-Mond-Geborene müssen lernen, auf ihre Instinkte zu hören, damit sie diesen Tendenzen rechtzeitig gegensteuern, was allerdings nur für die wenigsten von ihnen ein Problem darstellt.

Oberfläch-lichkeit

Die größte Herausforderung für Zwillingsmond-Geborene ist das Erlernen der Fähigkeit,

Toleranz aus ihrer immensen Vielseitigkeit echte Toleranz zu entwickeln. Es erfordert wahrhaft Größe, andere Ansichten als die eigenen wirklich gelten zu lassen und nicht nur gönnerhaft zu ertragen. Partnerschaft, Freundschaft und Familie sollten nicht mit »wissenschaftlichem« Verstand angegangen werden. Hier sind Weitsicht, Muße und Offenheit notwendig. Die Auseinandersetzung mit religiösen und weltanschaulichen Themen kann dabei außerordentlich nützlich sein. Denn nur wer in seinem Leben einen tieferen Sinn erkennt, vermag auch wirklich »zu-frieden« zu sein.

Krebsmond

Neben den Fischemond-Geborenen sind dies die gutmütigsten Vertreter ihres Tierkreiszeichens. Solange Sie die Gefühle des Krebsmonds nicht verletzen und er im Gegenzug die Ihrigen nachvollziehen kann (und es gibt nur wenig, wofür ein Krebsmond nicht Verständnis aufbringen könnte), wird er sich nicht einmal wehren, selbst wenn Sie ihm die Haare vom Kopf fressen. Die größte Dummheit, die Sie begehen können, ist, ihn deshalb für einen naiven Trottel zu halten. Sie müssen überhaupt nichts tun, es reicht völlig aus, wenn Sie *Sensibilität* so etwas denken: Er wird es merken. Und die Folgen für Sie sind meist furchtbar. Ehe Sie sich versehen, hat er Sie an allen Ihren wunden Punkten gleichzeitig getroffen, an allen, die Sie schon kannten und sorgsam zu verstecken suchten, und einigen mehr, von denen

Sie bis jetzt noch gar nichts wußten. Der Krebsmond ist der Gefühlsseismograph unter den Tierkreiszeichen, keine seelische Regung in seiner Umgebung entgeht ihm, und er merkt sie sich alle. Solange Sie seine Gefühle nicht verletzen, haben Sie, wie gesagt, den gutmütigsten Menschen der Welt vor sich, andernfalls seziert er Ihr Selbstwertgefühl wie ein Metzger ein Filetstück.

Gutmütig-keit

Allzusehr sollten Sie sich durch diese Darlegungen nicht erschrecken lassen, denn Krebsmond-Geborene sind nicht nachtragend. Sobald Sie Ihren Fehler eingesehen haben, sind sie die ersten, die bereit sind, das Ganze zu vergessen.

Wenn Sie einen solchen Menschen von etwas überzeugen oder zu einer Sache überreden wollen, werden Sie mit den üblichen Argumenten eher wenig ausrichten. Falls er sich nicht gerade in großen finanziellen Schwierigkeiten befindet, wird Geld allein ihn selten umstimmen können. Auch Prestige, sozialer Status oder Abenteuerlust werden für ihn nur selten bestimmende Motive sein. Wenn Sie jedoch glaubhaft machen können, daß andere ohne die Hilfe und Unterstützung des Krebsmondes aufgeschmissen wären, wird ihm ein »Nein« ausgesprochen schwer fallen. Sein soziales Gewissen ist viel zu ausgeprägt, als daß er leichten Herzens andere in der Patsche sitzenlassen könnte. Aber vergessen Sie niemals: Wenn Sie mit den Gefühlen eines Krebsmondes spielen, geht der Schuß fast immer nach hinten los!

Soziales Gewissen

Menschen mit dieser Konstellation sind häuslich: Die Geborgenheit in der Familie und der Schutz in den eigenen vier Wänden liegen ihnen ganz besonders am Herzen. Unter ihnen finden sich die besten Köche, die es überhaupt gibt. So sind sie denn auch bereit, alle Vorschläge genau zu prüfen und zu überdenken, die ihrer Familie nutzen oder ihre Wohnsituation entscheidend verbessern können.

Krebsmond-Geborene sind in ihrer persönlichen und beruflichen Umgebung aufgrund ihres Einfühlungsvermögens oft außerordentlich beliebt, ohne daß sie darum viel Aufhebens machen würden. Im Gegenteil: Meist ist ihnen gar nicht bewußt, wie gut sie bei anderen ankommen. Mehr als andere Wassermänner neigen sie zu Selbstzweifeln, die sie jedoch in der Regel konstruktiv nutzen, um sich selbst immer wieder zu besonderen Leistungen zu motivieren. Mit Durchschnittlichkeit und Mittelmaß werden sie sich – bei sich selbst – niemals zufriedengeben. Sie neigen dazu, von sich selbst mehr zu verlangen als von anderen. In dieser Hinsicht sind sie auch die idealen Vorgesetzten. Sie werden kaum zu denjenigen gehören, die während der Arbeitszeit Golf spielen gehen, während sie von ihren Mitarbeitern höchstes Engagement fordern. Typischer für sie ist, daß sie morgens als erste die Firma betreten, um sie abends als letzte zu verlassen. Das hat natürlich für die Mitarbeiter Vorbildfunktion und spornt sehr viel mehr an als etwa eine drohende Entlassung oder eine Gehaltskürzung. Aber auch als Mitarbeiter werden diese Menschen ihr Bestes geben und sich weit über das verlangte Maß für ihre Tätigkeit engagieren, wenn man ihnen die Möglichkeit gibt, sich mit ihrer Auf-

Einfühlungsvermögen

Engagement

gabe, ihren Kollegen und dem Konzept des Be-
triebes zu identifizieren.

Niemand kann bei außergewöhnlicher Begabung so beliebt und populär sein wie ein
Krebsmond-Geborener. Bei allen anderen Konstellationen ist Anerkennung mit Neid und
»Volkstümlichkeit« mit einem Mangel an Niveau verknüpft. Daß dies hier anders ist, hängt
vielleicht damit zusammen, daß jeder ihnen
anmerkt, wie hart sie für ihren Erfolg gearbei-
tet haben und wie ehrlich sie sich über ihn
freuen können.

Beliebtheit

Boris Becker etwa löste mit seinem ersten
Wimbledon-Sieg eine derartige Begeisterung
aus, daß Tennis völlig unerwartet zum Volks-
sport wurde. Thomas Mann schuf mit den
Buddenbrooks ein Stück Weltliteratur, als er
gerade mal Anfang Zwanzig war. Claude Debussy ist neben Ravel der bedeutsamste im-
pressionistische Komponist. Eine ähnliche
Vorreiterrolle, wie sie Debussy in der klassischen Musik spielte, nahm Jimi Hendrix in der
Popmusik ein. Niemals zuvor spielte jemand
die »elektrische« Gitarre in einem solchen
Maße als eigenständiges Instrument. Bei ent-
sprechendem Entwicklungsniveau sind beim
Krebsmond also außergewöhnlicher Ehrgeiz
und oft auch künstlerische Begabung vorhanden. Erfolg und Popularität sind das häufige
Ergebnis besonderer Anstrengungen und im-
menser Kreativität.

Prominente
Beispiele

Jede Fähigkeit ist auch eine Bürde: Wer über
viel Phantasie und Kreativität verfügt, wird
Schwierigkeiten haben, sich für langfristige
Ziele zu entscheiden. Es fällt schwer, konse-
quent bei einer Sache zu bleiben, wenn wir

ständig neue und interessante Ideen haben. In psychologischer Hinsicht sind Selbstdisziplin und schöpferische Begabung Gegensätze. Doch nur wer lernt, sich aus der Vielzahl seiner Wünsche und Möglichkeiten auf einige wesentliche Themen zu beschränken, kann Außergewöhnliches leisten. Nahezu alle erfolgreichen Krebsmond-Geborenen haben schon frühzeitig auf ein einziges Ziel hingearbeitet.

Löwemond

Besondere Fähigkeiten

Die Verbindung vom Mond im Löwen und der Sonne im Wassermann hat viele Vorzüge, die die darin Geborenen mit besonderen Fähigkeiten ausstatten. Sie lernen schneller und leichter als andere. Häufig besitzen sie eine besondere Sprachbegabung und fast immer kaufmännisches Talent. Niemand kann so gut wie sie in einer Gruppe von Menschen unterschiedlichster Herkunft und verschiedenen Temperaments eine angenehme Atmosphäre schaffen. Es gibt kaum bessere Gastgeber als sie. Selbst der formellsten Veranstaltung können sie noch eine persönliche und menschliche Note geben. Das wissen sie selbst besser als alle anderen, und genau das ist ihr Problem: Unabhängig davon, wieviel Lob und Anerkennung man ihnen entgegenbringt, sie fühlen sich mißverstanden und unterbewertet. Zu Recht wollen sie für ihr Können und ihre Leistungen anerkannt und respektiert und nicht nur einfach »nett« gefunden werden. Hier können sogar Primadonnenallüren auftreten, womit sie in ihrer Umgebung auf Unverständnis stoßen.

Im Bereich der Gefühle reagieren sie immer heftig und intensiv, das gilt natürlich auch, wenn sie sich enttäuscht und verletzt fühlen, obwohl sie im Normalfall viel zu stolz sind, *Stolz* sich eine Kränkung anmerken zu lassen. In der Regel ist es dann Aufgabe des Partners, das angeschlagene Selbstwertgefühl wiederaufzubauen.

Dabei handelt es sich hier um ausgesprochen begeisterungsfähige Persönlichkeiten, die lediglich eine Aufgabe benötigen, für die sie sich mit all ihrer Kraft einsetzen können. Werden sie entsprechend gefordert, legt sich auch ihr Hang zur Unzufriedenheit, und sie sind zu außerordentlichen Leistungen fähig. Fast wie die Luft zum Atmen brauchen sie Herausforderungen, die sie zwingen, über sich selbst hinauszuwachsen. Ist dies der Fall, braucht man sich über ihr irritierbares Selbstwertgefühl keine Sorgen mehr zu machen, schließlich stellen sie sich jetzt selbst ständig ihre Fähigkeiten unter Beweis und können die Ignoranz ihrer Umgebung entsprechend gelassener nehmen.

Die meisten Menschen mit dieser Konstellation wirken ausgesprochen warmherzig und *Warmher-* spendabel. Das führt allerdings oft zu peinli- *zigkeit* chen Mißverständnissen, da ihre grundsätzliche Freundlichkeit von ihrem Gegenüber wesentlich persönlicher genommen wird, als sie gemeint ist. Das heißt nichts anderes, als daß viele schnell dem Irrglauben erliegen, daß der Löwemond ein mehr als nur freundschaftliches Interesse an ihnen hat. So wiegt sich manch einer in der falschen Sicherheit, das

Herz eines Wassermann-Sonne-Löwe-Mond-Menschen für sich gewonnen zu haben, während dieser möglicherweise Probleme damit hat, sich auch nur an ihn zu erinnern. Glücklicherweise lernen die meisten im Laufe der Jahre ihre Wirkung auf ihre Umgebung angemessener einzuschätzen, so daß derartige, für beide Seiten peinliche Mißverständnisse seltener werden.

Was sie sich allerdings nur in den seltensten Fällen abgewöhnen können, ist die Neigung, ihre Umgebung, insbesondere natürlich Menschen, die ihnen am Herzen liegen, von den Dingen überzeugen zu wollen, die sie für sich selbst als hilfreich und nützlich erkannt haben. Dabei ist es unerheblich, ob es sich um eine neue Nachtcreme, eine bestimmte Gesundheitskur oder eine spezielle Musik-CD handelt. Von dieser Neigung lassen sie auch nicht durch die recht häufige und natürlich enttäuschende Erfahrung ab, daß die meisten Menschen ihre persönlichen Vorlieben nur bedingt teilen.

Lebens-hunger

Löwemond-Persönlichkeiten zeichnen sich durch einen besonderen Lebenshunger aus, dem sie nachgehen, wann immer sich eine Möglichkeit dazu bietet. So gibt es kaum etwas Menschliches, das ihnen fremd ist, und falls doch, streben sie nach einer Gelegenheit, es so schnell wie möglich auszuprobieren.

Keine andere Mond-Konstellation bietet die Chance zu einem so ausgeprägten Charisma wie diese. Insbesondere Damen mit dem Mond im Löwen können eine Anziehungskraft auf das andere Geschlecht ausüben, für die eine vernünftige Erklärung nicht mehr ausreichend ist. Allen ist das Bedürfnis gemeinsam, von ihrem Umfeld anerkannt und respektiert zu werden, auch gegen ein wenig Bewunderung haben sie selten etwas einzuwenden. Kein anderes Tierkreiszeichen besitzt so viel natürliche Autorität wie dieses, und entwickelte Persönlichkeiten werden diesem Anspruch auch gerecht. Solange man sie nicht in Frage stellt, setzen sie sich mit allen ihnen zur Verfügung stehenden Mitteln für ihre Mitmenschen ein, besonders für Kinder. Wenn sie es sich leisten können, sind sie die großzügigsten Gastgeber und freigebigsten Gönner, die man sich nur vorstellen kann. *Autorität*

Die größte Gefahr für Löwemond-Geborene ist ohne Zweifel ihre Eitelkeit und ihre Selbstbezogenheit. Dieses Risiko wird durch die Sonne im Wassermann manchmal in eine exzentrische Richtung geändert. Im ungünstigsten Fall werden sie um jeden Preis auffallen wollen, selbst wenn sie sich dabei der Lächerlichkeit preisgeben. Aus Originalität und Souveränität wird dann eine überspannte, sich anbiedernde Exzentrizität.

Kaum jemand kann und will sein ganzes Leben lang ausschließlich im Mittelpunkt stehen. So groß die Strahlkraft des einzelnen auch sein mag, es kommt doch der Tag, an dem andere den Platz einnehmen, den man für den eigenen hielt. So fällt es Löwemond-Geborenen besonders schwer, mit dem Nachlassen von Kräften und Fähigkeiten im allgemeinen und den Symptomen des Alterns im besonderen zurechtzukommen. Das Tierkreiszeichen, das Vitalität, Lebendigkeit sowie Lebensfreude an sich repräsentiert, bringt keine *Alter*

Menschen hervor, die sich mit dem Nachlassen ihrer Energie so ohne weiteres abfinden können.

Es ist eine triviale, aber schmerzhafte Erkenntnis, daß wir alle einmal Jüngeren und Besseren Platz machen müssen. So ist es für Löwemond-Persönlichkeiten eine besondere Herausforderung, intensiv in der Gegenwart zu leben und gleichzeitig in Würde zu altern. *Würde* Hier kann eine innere Reife entstehen, die ein noch größeres Feuer ausstrahlt, als es die Kraft der Jugend vermag.

Diese Menschen reagieren besonders sensibel auf die Mondphasen, vor allem auf den Vollmond. An solchen Tagen sollten riskante Unternehmungen nach Möglichkeit gemieden werden. Dazu gehören auch Operationen. Die Reaktion auf Alkohol, Medikamente oder Drogen kann verändert sein.

$$\mathcal{D}$$

Jungfraumond

Wenn Sie einen Wassermann kennenlernen, *Schlagfer-* der Sie durch eine auffallend schlagfertige Re*tigkeit* aktion auf eine besonders außergewöhnliche Situation beeindruckt, und dieser Ihnen anschließend erklärt, das Ganze wäre weiter keine Kunst, schließlich hätte er sich schon vor langer Zeit einen Plan zurechtgelegt, wie er in einer solchen Lage reagieren würde, dann kann es sich nur um einen Jungfraumond handeln (andernfalls steht der Mond im sechsten Haus). Diese Menschen besitzen eine unbegrenzte kreative Phantasie, was die Bewältigung aller möglichen und unmöglichen Herausforderungen des Lebens angeht, und sie verfügen über ein hervorragendes Gedächtnis. So sind denn auch Planspiele ihre *Planspiele* große Leidenschaft, unabhängig davon, ob sie Monopoly spielen, alte Schlachten im Sandkasten nachstellen oder sich vor dem Einschlafen überlegen, wie sie ihren Chef von der längst überfälligen Gehaltserhöhung überzeugen können. Die Verbindung aus vorausschauendem Planen und der Fähigkeit, spontan zu reagieren, ist die große Stärke dieser Sonne-Mond-Kombination. Sie verschafft den Betreffenden in der Einschätzung zukünftiger Entwicklungen regelrecht einen sechsten Sinn.

Manche Menschen haben jede Menge originelle Ideen. Andere verfügen über praktischen Verstand. Wassermann-Sonne-Jungfrau-Mond-Menschen besitzen beides in reichlichem Maß. Ihr großer Vorteil ist dabei, daß sie ihre Möglichkeiten meist realistisch einschätzen. Sie *Realistische* neigen weder zu Größenwahn noch zu fal- *Selbstein-* scher Bescheidenheit. Und sie werden niemals *schätzung* versuchen, etwas durchzusetzen, von dem sie nicht zutiefst überzeugt sind, daß es einer guten Sache dient oder ihnen einfach zusteht. Viele hervorragende Händler und Spitzenverkäufer besitzen diese Konstellation. Die einzige Bedingung für ihren Erfolg ist, daß sie selbst von der Qualität des Produktes überzeugt sein müssen.

Fast jeder kennt den beliebten Verkaufstrick, wenn ein Kunde unschlüssig ist. Der Verkäufer meint einfach: »Das Gerät ist das beste, ich habe es selbst zu Hause.« Die meisten Käufer lassen sich auf diese Weise überzeugen, unabhängig davon, ob der Verkäufer die Wahrheit gesagt hat oder nicht. Wenn Ihnen ein Jung-fraumond-Geborener so etwas sagt, können Sie

Ehrlichkeit sicher sein: Es ist die Wahrheit. Und er wird Ihnen nicht nur auseinandersetzen, daß er dieses Gerät hat, sondern Ihnen aus dem Effeff sämtliche Vorteile gegenüber Konkurrenzprodukten auflisten können. Folgen Sie seiner Empfehlung, wird er sich innerlich für Sie freuen, wenn Sie den Laden verlassen, und sich nicht etwa ins Fäustchen lachen, wie geschickt er mal wieder einen naiven Kunden übers Ohr gehauen hat. Menschen mit dieser Konstellation sind also »ehrliche Makler«, und wer einmal auf ihren Rat gehört hat und gut damit gefahren ist, wird sich gern bei der nächsten Gelegenheit wieder an sie wenden.

Neben der häufig vorhandenen kaufmännischen Begabung kommen hier auch schriftstellerisches Talent sowie die Eignung für technische Berufe vor. Eine Reihe exzellenter Ingenieure und Architekten besitzen diese Konstellation.

In Partnerschaften sind diese Menschen treu und zuverlässig, solange sie das Gefühl

Partner- haben, sich auf ihr Gegenüber blind verlassen
schaft zu können. Allerdings ist ihr Sinn für das Praktische der Romantik nicht eben förderlich. Man sollte nicht den Fehler begehen und jedes gemeinsame Ausgehen als »Investition in die Beziehung« betrachten und Partner als »das beste Geschäft« ansehen, das man je gemacht hat. Kein Mensch mag es, wenn er wie eine Sache betrachtet wird, auch nicht, wenn es sich dabei um eine ausgesprochen gute Sache handelt.

Entwickelte Jungfraumond-Persönlichkeiten verfügen über eine außerordentliche emotionale Beweglichkeit und Reaktionsfähigkeit. Besonders Begabte sind hier zum Schriftsteller oder Schauspieler berufen, da niemand über eine genauere Beobachtungsgabe verfügt als sie. Die meisten der Jungfraumond-Geborenen können Entwicklungen voraussehen und auf sie reagieren, bevor andere diese auch nur erahnen können. Es gibt nicht viele, denen es gelingt, ihnen etwas vorzumachen. Keine andere Tierkreiszeichenposition des Mondes repräsentiert einen solch untrüglichen Sinn für das Machbare. Diese Persönlichkeiten verstehen es, aus jeder Situation das Beste herauszuholen. In Sachfragen, insbesondere natürlich in ihrem Spezialgebiet, sind sie oft so kompetent, daß ihre Meinung und ihr Rat auch von Gegnern ernst genommen und respektiert werden. Was ihnen möglicherweise an Kreativität fehlt, machen sie durch Effektivität mehr als wett.

Beobachtungsgabe

Jungfraumond-Geborene besitzen die natürliche Fähigkeit, vorgegebene Situationen so gut wie möglich zu nutzen. Dabei besteht die Gefahr, sich mit unzumutbaren Umweltbedingungen zu arrangieren, ohne den Versuch zu unternehmen, diese zu verändern. Wer in einem Haus ohne Heizung lebt, sollte vielleicht nicht nur Yoga-Übungen machen, um die Kälte leichter ertragen zu können, sondern sich einen Ofen besorgen oder einfach umziehen. Anpassungskünstler übersehen manchmal, daß es Umstände gibt, mit denen man sich besser nicht arrangieren sollte.

Anpassungsfähigkeit

Die größte Herausforderung für Jungfraumond-Geborene ist das Erlernen der Fähig-

Aufgaben

keit, ein wenig offenherziger und verschwenderischer mit ihren Gefühlen zu werden. Allzuviel Sachlichkeit und praktischer Verstand machen auch Freundschaften und das Liebesleben zu einer eher trockenen Angelegenheit. Erst wenn wir gelernt haben, unseren Mitmenschen intensiv zu zeigen, was wir für sie empfinden, ist ein wirklich erfülltes Leben möglich.

Waagemond

Waagemond-Geborene brauchen die Gesellschaft anderer. So gern sie sich ihre Eigenständigkeit beweisen, sind sie doch noch mehr von der Zustimmung anderer, insbesondere der des Partners, abhängig. Wer einen solchen Menschen fertigmachen möchte, muß ihn in seinem tiefverwurzelten Bedürfnis nach einer harmonischen und ästhetischen Umgebung frustrieren, und dieser wird völlig aus dem seelischen Gleichgewicht geraten. Die meisten Menschen mit dieser Konstellation sind ausgesprochen sensibel, und oft reicht es schon aus, sie beispielsweise wochenlang in einem nicht richtig eingerichteten Büro sitzen zu lassen, um sie ernsthaft in Schwierigkeiten zu bringen.

Sensibilität

Da sie jedoch über außergewöhnlich viel Fingerspitzengefühl verfügen und auf andere Menschen offen sowie noch charmanter und diplomatischer als »normale« Wassermänner zugehen, kommen sie nur selten in eine Situation, in der ihnen jemand ernsthaft Schwierigkeiten bereiten möchte. Im Gegenteil: Wann immer es um Fragen des guten Geschmacks geht, hört man gern ihren Rat und richtet sich danach.

Viele Menschen mit dieser Konstellation sind im weitesten Sinne des Wortes in künstlerischen Berufen tätig. Ob es sich dabei nun um die Tätigkeit eines Friseurs, einer Kosmetikerin, eines Modeschöpfers, einer Innenarchitektin oder eines Designers handelt, in all diesen Berufen spiegeln sich das Bedürfnis und die Fähigkeit wider, den Menschen und seine Umgebung schöner und ansprechender zu gestalten. *Berufe*

Kein Mondzeichen ist in seiner Handlungsfähigkeit so von einer geeigneten Partnerschaft abhängig wie dieses. Wenn ein ansonsten pünktlicher Mensch mit blassem Gesicht zu spät zur Arbeit erscheint, wenn ein sonst freundlicher und aufmerksamer Mitarbeiter mit einemmal mürrisch und in sich gekehrt ist: bei einem Waagemond können Sie davon ausgehen, daß Liebeskummer oder Partnerschaftsprobleme dahinterstecken.

Insgesamt sind diese Menschen ausgeglichener als andere Wassermänner, und sie haben meist einen großen und ungewöhnlichen Bekanntenkreis.

Die Waagemond-Menschen sind die »Beziehungsathleten« im Horoskop. Keine andere Mond-Konstellation ermöglicht eine solch ausgeprägte Fähigkeit, sich mit anderen auseinander- und zusammenzusetzen, wie diese. Es gibt kaum etwas in seiner persönlichen Umgebung, das einem Waagemond-Geborenen entgehen *»Beziehungsathleten«*

könnte. Sobald eine Sache oder ein Umstand mit ihm und seiner Lebenssituation auch nur im entferntesten zu tun haben könnte, interessiert es ihn unabhängig davon, wie fremd oder ungewohnt dies sein mag. So lernte eine Klientin mit dieser Konstellation zum Beispiel Türkisch, um sich mit ihrer neuen Nachbarin besser verständigen zu können.

Harmonie-bedürfnis

Ihr außerordentliches Harmoniebedürfnis gibt ihnen den Antrieb und die Fähigkeit, allem, was sie umgibt, insbesondere aber natürlich dem Partner, gerecht werden zu können. Sie wünschen sich aufrichtig, andere zu verstehen, so wie sie auch selbst angenommen und verstanden werden möchten. Es ist nicht einfach, mit einem entwickelten Waagemond-Geborenen Streit zu bekommen, da er in der Regel viel zu sehr versuchen wird, Verständnis für den Standpunkt des anderen aufzubringen.

Die größte Gefahr liegt darin, daß diese Menschen ihre Fähigkeit, andere zu manipulieren, vervollkommnen, während die eigene Persönlichkeitsentwicklung auf der Strecke bleibt. Insbesondere Frauen können schnell dauerhaft Opfer ihrer erlernten Hilflosigkeit werden, zumal dies in unserer Gesellschaft ja auch noch unterstützt und gefördert wird. So gilt beispielsweise eine Frau, die selbständig einen Reifen wechseln kann, für viele immer noch als unweiblich.

Selbstbe-wußtsein

Waagemond-Geborene müssen lernen, ihre Wünsche auch unabhängig von anderen leben zu können. Es fällt ihnen schwer, aufrichtig stolz auf ihre persönlichen Leistungen und Fähigkeiten zu sein, da sie dazu neigen, sich allzusehr über das Urteil anderer zu definieren.

Echte Individualität kann nur erworben werden, wenn wir auch konfliktfähig sind, also
einem Streit oder einer Auseinandersetzung
nicht um jeden Preis aus dem Weg gehen. Wir
müssen lernen, Standpunkte zu vertreten, die
von anderen nicht geteilt oder sogar bekämpft
werden. Es ist hilfreich zu wissen, daß wir, je
mehr wir auf diese Weise zu eigenständigen Persönlichkeiten werden, von den Menschen, die
uns etwas bedeuten, nicht verlassen werden,
sondern diese noch stärker an uns binden. Wer
gelernt hat, zu sich selbst zu stehen und sich
von der Zustimmung anderer soweit wie
möglich unabhängig zu machen, wirkt auf seine
Mitmenschen wie ein Magnet auf Eisenfeil-
späne.

Aufgaben

Skorpionmond

Wer mit dieser Konstellation geboren wurde,
mußte meist schon frühzeitig lernen, daß in diesem Leben nur das wirklich zählt, was man sich
selbst unter Anstrengungen und Schwierigkeiten erarbeitet hat. Dabei ist es unerheblich, ob
dieser Mensch vordergründig betrachtet eine sogenannte leichte oder schwere Kindheit hatte. In
jedem Fall wurde er schon zu einem sehr frühen
Zeitpunkt mit den letzten Dingen, insbesondere
dem Tod, konfrontiert. Auch wenn die meisten
diese Erfahrung bald so verdrängt haben, daß
jede bewußte Erinnerung daran fehlt, so macht
sie sie doch ernsthafter und nachdenklicher als
andere. Gerade in der Kindheit wurden sie von
ihren Kameraden deshalb kaum verstanden, sie

*Existen-
tielle Erfah-
rungen*

gelten oft als altklug, grüblerisch oder »miese-petrig«. Im Erwachsenenalter legt sich diese Tendenz etwas, doch was bleibt, ist eine instinktive Abneigung gegen alles Oberflächliche.

Wer zudem eine Wassermann-Sonne hat, stellt oft eine sehr ungewöhnliche Mischung aus Schwermut und Leichtlebigkeit dar. Die Verbindung dieser sehr gegensätzlichen Tierkreiszeichen geht oft mit erheblichen Stimmungsschwankungen einher, die manchmal so gravierend sind, daß man glauben könnte, es mit zwei verschiedenen Personen zu tun zu haben.

Stim-mungs-schwan-kungen

Es ist nicht leicht, das Vertrauen dieser Menschen zu gewinnen, denn einmal erlittene Verletzungen vergessen sie niemals. Selbst wenn sie sich an das konkrete Ereignis nicht erinnern können, die daraus entstandene Verletzung prägt das Empfinden und das Gefühlsleben der unter dieser Konstellation Geborenen. So tun sie sich in Freundschaften und Partnerschaften am Anfang ein wenig schwer. Dabei können sie durchaus auf andere zugehen und die Initiative ergreifen, aber sie bleiben vorsichtig und versuchen sich gegen jede Enttäuschung zu schützen. Wer jedoch einmal ihr Vertrauen gewonnen hat, kann mit uneingeschränkter Loyalität rechnen. Haben sie sich schließlich einmal auf jemanden eingelassen, würden sie sich im Sinne des Wortes für diesen Menschen totschlagen lassen, falls es notwendig sein sollte. Keinesfalls verlangen sie das gleiche Engagement von ihren Freunden und Partnern, wissen sie doch, daß sie vielleicht den guten Willen, aber nicht notwendigerweise die Charakterstärke für ein solches Ausmaß an Konsequenz besitzen.

Loyalität

Wenn sie sich jedoch verraten fühlen, zögern sie nicht, Menschen, die ihnen gestern noch sehr nahestanden, von heute auf morgen aus ihrem Leben zu werfen. Sie sind nicht für halbe Sachen zu haben – schon gar nicht in Gefühlsdingen.

So sind sie etwa bereit, sich für ihre Partnerschaften bis an den Rand der Selbstaufgabe einzusetzen und in Krisen nichts unversucht zu lassen, um ihre Beziehung zu retten. Sobald sie jedoch erkennen, daß sie verraten wurden oder daß man ihr Vertrauen mißbraucht hat, können sie den anderen fallenlassen wie eine heiße Kartoffel. Vielleicht bricht es ihnen das Herz – denn ihre Härte und die scheinbare Gleichgültigkeit im äußeren Umgang sagen nichts darüber aus, was in ihrem Inneren vor sich geht –, doch werden sie lieber vor Kummer eingehen, als bei einem Menschen zu Kreuze zu kriechen, der ihre Gefühle verraten hat.

Selbstaufgabe

Es gibt kein Mondzeichen, das über so viel Willensstärke und Konsequenz verfügt wie dieses; was man sich einmal vorgenommen hat, führt man auch gegen größte Widerstände durch. Die unerreichten Stärken der Skorpionmond-Geborenen sind Leidenschaft und Ausdauer. An allem, an das sie sich emotional gebunden haben, halten sie auch fest.

Konsequenz

Dies gilt für ihr Liebesleben wie auch für Hobbys oder berufliche Ziele. In Ausdauer und Ehrgeiz sind sie nur noch mit den Steinbock-Geborenen vergleichbar. Doch gehen sie bei der Verwirklichung eines Ideals im Extremfall bis hin zur Selbstzerstörung. Franz Beckenbauer, Charlie Chaplin, Liz Taylor oder Henry Miller haben bei allen Unterschieden doch die unbeirrbare Konsequenz gemeinsam, mit der sie sich aus einfachsten Verhältnissen bis an die absolute Weltspitze emporgearbeitet haben.

Außerdem verfügen Menschen mit dieser Konstellation sehr oft über ein ausgezeichnetes Gedächtnis, und die Lernfähigkeit bleibt bei aktiven Persönlichkeiten das gesamte Leben erhalten. Sie vergessen ihre Gefühle niemals, vor allem nicht, wenn ihnen jemand einmal aus einer Notlage geholfen hat. Derjenige kann sicher sein, daß Skorpionmond-Geborene keine Gelegenheit auslassen werden, um sich angemessen zu revanchieren.

Lernfähig-keit

Ihre außergewöhnliche Empfindungsfähigkeit läßt sie lediglich das zur Kenntnis nehmen, was sie auch wahrnehmen wollen. So können schwierige Zeiten besser überstanden werden. Unerfreuliches wird, wenn nötig, einfach ausgeblendet, als ob es nicht existierte.

Sie lassen sich weder auf Aufgaben noch auf Menschen allzu schnell und intensiv ein. Haben sie jedoch einmal wirklich Feuer gefangen, sind sie zu einer Leidenschaftlichkeit fähig, die keinerlei Kompromisse zuläßt.

Entwickelte Menschen mit dieser Konstellation verfügen oft über eine außerordentliche Gefühlstiefe, die sie in eine individuelle Symbolsprache übersetzen. Auf diese Weise erklärt sich auch ihr phänomenales Gedächtnis. Sie müssen sich nur daran erinnern, wie sie sich in einer bestimmten Situation gefühlt haben, schon fallen ihnen auch alle anderen Begleitumstände ein. Ihre Überzeugungen und Ideale strahlen sie mit einer Intensität aus, daß schwache Naturen aufpassen müssen, daß sie

Gefühlstiefe

sich nicht daran verbrennen. Ohne dogmatisch zu sein, sind sie doch in allen Gefühlsdingen klar und eindeutig. So weiß man immer, woran man bei ihnen ist.

Die Fähigkeit zur Eindeutigkeit ist sicherlich ausgesprochen beneidenswert. Leider birgt sie auch die Gefahr in sich, einseitig zu werden und stur an seinen Fehlern festzuhalten. Nichts ist gefährlicher für Skorpionmond-Geborene als Intoleranz und Selbstgerechtigkeit. *Eindeutigkeit*

Schützemond

Wer die Sonne im Wassermann und den Mond im Schützen stehen hat, gehört zu den echten Visionären und unerschütterlichen Optimisten des Tierkreises und weigert sich standhaft, auch nur einen Gedanken daran zu verschwenden, daß es Probleme ohne Lösung geben könnte. Diese Menschen leben für die Zukunft, denn die Vergangenheit können sie ohnehin nicht ändern. Sie sind ihrer Zeit oft mehr als einen Schritt voraus, und so kann es durchaus vorkommen, daß sie sich mit einer Idee, die heute verlacht wird, morgen eine goldene Nase verdienen. *Visionäre*

Es fällt den Menschen mit dieser Konstellation leicht, große Zusammenhänge zu erkennen, für die den anderen einfach der Blick fehlt. Dafür tun sie sich manchmal ein wenig schwer mit den banalen Alltagsrealitäten, denn die langweilen sie einfach. Fast immer haben sie ein ausgeprägtes Interesse an philosophischen und religiösen Themen, je ungewöhnlicher und exotischer, um so spannender finden sie diese.

Ausland

Viele von ihnen lieben Fernreisen oder haben sogar beruflich mit dem Ausland zu tun. Durch ihre ungewöhnliche Offenheit und Toleranz haben sie keinerlei Probleme, mit Menschen unterschiedlichster Kulturkreise zurechtzukommen, solange ihr Gegenüber im Gegenzug bereit ist, sie ebenfalls so zu akzeptieren, wie sie nun einmal sind.

Bedingt durch ihre außerordentliche Begeisterungsfähigkeit neigen sie dazu, manchmal sich selbst und ihre Möglichkeiten zu überschätzen. Sie vergessen dann einfach, daß der Tag nur 24 Stunden hat und sie unmöglich all die Versprechungen einlösen können, die sie in ihrer Begeisterung und voll des besten Willens gegeben haben. So wirken sie oft auf andere für eine Weile faszinierend, während sie am Ende dann als Aufschneider dastehen, auf dessen Wort kein Verlaß ist. Derartige Erfahrungen kränken sie tief – trotz aller positiven Weltsicht –, schließlich haben sie es wirklich gut gemeint und wollten doch nur helfen. Die größte Herausforderung ist für sie deshalb, sich mit den Begrenzungen der Alltagswirklichkeit abzufinden. Dies fällt ihnen um so schwerer, als sie voller Begeisterung von einer besseren Welt träumen, von der sie in ihren optimistischsten Momenten genau zu wissen glauben, wie diese innerhalb kürzester Zeit herbeizuführen sei.

Herausforderung

Der größte Fehler, den man begehen kann, ist, sie als weltfremde Träumer abzutun. Denn wenn jemand die Kraft hat, eine gute, noch nie dagewesene Idee in die Tat umzusetzen, dann diese Menschen.

Um in einem Bereich wirklich den Durchbruch zu schaffen, brauchen sie jedoch die
Unterstützung ihres Freundes- und Bekann-
tenkreises. Nur wenn sie wissen, daß andere
an sie glauben, sind sie auch in der Lage,
Außergewöhnliches zu leisten, sei es im Beruf oder in irgendeinem anderen Lebensbereich. Fehlt ihnen die Unterstützung durch
den Partner und die soziale Umwelt, können
Begeisterung und optimistische Weltsicht
von einem Moment zum nächsten in tiefe
Depressionen umschlagen. Ihre Gefühle sind *Starke*
immer groß, sei es nun Freude oder Ver- *Emotionen*
zweiflung; mit Halbheiten geben sie sich
nicht ab – und bei ihren Emotionen schon gar
nicht.

Doch so schnell, wie sie in das tiefe Loch
völliger Niedergeschlagenheit fallen können,
so unvermittelt krabbeln sie auch wieder heraus, ohne daß man ihnen auch nur eine Bles-
sur anmerken würde. Schließlich zählt für sie
die Vergangenheit (fast) nichts und die Zukunft alles.

Menschen mit einem sparsameren Seelen-
leben fühlen sich durch den Schützemond oft
emotional überfordert – sie sind diesem Ausmaß schnell wechselnder intensivster Emotionen und Ideen einfach nicht gewachsen
und fühlen sich manchmal regelrecht er-
schlagen. Das macht auch für ihre Partner
und Lebensgefährten den Umgang mit ihnen
gelegentlich ein wenig schwierig. Aber ihr
Lebensmut ist ansteckend. Denn es ist faszi- *Lebensmut*
nierend, wie sie sich diesem Leben trotz all
seiner Schwierigkeiten mit so viel Begeisterung stellen.

Steinbockmond

Konven-
tionen
Wassermänner machen sich nicht allzuviel aus gesellschaftlichen Konventionen, diejenigen mit einem Steinbockmond schon eher. Ihnen sind öffentliche Anerkennung und Karriere wichtig. So ergeben sich Ehrgeiz und Zielstrebigkeit fast schon zwangsläufig. Langfristige Planung ist für sie etwas Selbstverständliches, und sie können geduldig warten, bis ihre Zeit gekommen ist. Viele Menschen mit dieser Konstellation nehmen langjährige Ausbildungen und umfangreiche Schulungen in Kauf, um einmal den gesellschaftlichen Status zu erreichen, den sie anstreben. Immer wieder aber hat die Wassermannsonne mit ihrem Hang zu allzu spontanen Entscheidungen zu kämpfen. Oft ist dann ein erheblicher Aufwand nötig, um solche Fehlentscheidungen wieder rückgängig zu machen.

Auffällig häufig ist hier ein Interesse an gesellschaftlichen, politischen und sozialen Fragen vorhanden, so daß oft auch ein Beruf aus diesem Bereich gewählt wird. So haben zum Beispiel viele besonders fähige Juristen und Sozialarbeiter diese Konstellation.

Sparsam-
keit
Sie sind die mit Abstand sparsamsten Vertreter ihres Zeichens, Verschwendung, gleich in welcher Form, ist ihnen ein Greuel. Lieber drehen sie jeden Pfennig dreimal um, bevor sie ihr Geld für unnötige Anschaffungen ausgeben. Ihre Mitmenschen werden unter ihrem besonders sorgfältigen Umgang mit den Finanzen jedoch nur in den seltensten Fällen zu lei-

den haben. Im Gegenteil: Fast immer besitzen sie einige Rücklagen, und sie sind stets bereit, einem Freund, der in wirtschaftlichen Schwierigkeiten steckt, auszuhelfen.

Eine ihrer herausragenden Eigenschaften ist ihr außergewöhnlicher Gerechtigkeitssinn. Von Fairneß halten sie sehr viel – so viel, daß sie auch bereit sind, für deren Durchsetzung persönliche Nachteile in Kauf zu nehmen. Einen Mangel an Konsequenz oder besonderen Egoismus wird ihnen deshalb kaum jemand vorwerfen können.

Gerechtigkeitssinn

Nach außen wirken sie wie stabile, unkomplizierte und geradlinige Persönlichkeiten. Ihre oft vorhandene Unsicherheit in Gefühlsdingen merkt man ihnen schwerlich an.

Schließlich sind sie meistens ordentlich, zuverlässig und systematisch. Das wird von den Menschen in ihrer Umgebung automatisch mit Selbstsicherheit gleichgesetzt. Außenstehende sind davon überzeugt, daß sie ihr Leben fest im Griff haben und immer genau wissen, wo es langgeht.

Ihr Alltag ist so gut wie immer von einem geregelten Tagesablauf geprägt. Dabei scheinen sie alles Zufällige und Unkalkulierbare aus ihrem Umfeld verbannen zu wollen. Unordnung und die Unwägbarkeiten des Lebens machen ihnen manchmal regelrecht angst.

Die herausragendste und einmalige Fähigkeit der Steinbockmond-Geborenen ist ihre unmittelbare seelische Ankopplung an gesellschaftliche Phänomene und Prozesse. So wird beispielsweise ein Boutiquebesitzer instinktiv wissen, welche Mode die Menschen im nächsten Sommer kaufen wollen, und sich entspre-

Trendgespür

chend einrichten. Ein Buchhändler wird die kommenden Bestseller schon vor ihrem Durchbruch auf Lager haben – und so weiter.

Das persönliche Empfinden ist einfach sehr stark angekoppelt an das, was gesellschaftliche Norm ist oder bald sein wird. Auch der NS-Propagandaminister Goebbels hatte diese Konstellation. Auf der anderen Seite setzte Papst Johannes XXIII. Maßstäbe, was die Aussöhnung der Menschen im allgemeinen und die der christlichen Kirche im besonderen anging. Der ehemalige Schauspieler Karlheinz Böhm leistet Vorbildliches und Bewundernswertes mit seiner Aktion »Menschen für Menschen« gegen Hunger und Armut in Äthiopien. Hemingway und Fassbinder schufen in ihrem jeweiligen Œuvre Zeitporträts von ungeschönter Präzision. Keiner karikierte meines Erachtens das deutsche und vor allem das bayrische Spießertum treffender als Karl Valentin, während für mich der Maler Max Ernst in seinem Genre den genauesten Spiegel des Zeitgeistes unseres Jahrhunderts schuf. Diese sehr unterschiedlichen Beispiele wurden ganz bewußt nebeneinandergesetzt: Allen gemeinsam ist die enge Verknüpfung mit gesellschaftlichen Prozessen. Niveau und Verwirklichungsbereich sind selbstverständlich sehr unterschiedlich.

Neben den Skorpionmond-Geborenen sind Steinbockmonde sicherlich die Menschen mit der größten Konsequenz und Ausdauer in der Verfolgung ihrer Ziele. Sie konzentrieren sich ausschließlich auf das Wesentliche und lassen sich durch nichts und niemanden von ihren Vorsätzen abbringen.

Prominente Beispiele

Ausdauer

Da sie in ihrem Gefühlsleben ja gleichzeitig »auf der Welle der Zeit« schwimmen, wird es allerdings nicht allzu häufig vorkommen, daß ihnen ernsthaft Steine in die Wege gelegt werden. Selbst eine Marianne Bachmeier kam ja mit einer verblüffend milden Strafe davon, nicht zuletzt wohl deshalb, weil sich der größte Teil der Nation mit ihrem Verhalten identifizieren konnte.

Drei Bereiche, die eng miteinander zusammenhängen, können die persönliche Entwicklung der Steinbockmond-Geborenen blockieren: die Angst vor Gefühlen und emotionaler Geborgenheit, die Hemmung, sich Konflikten und anstrengenden Auseinandersetzungen zu stellen, und die genau aus diesem Grund vorhandene Neigung, allzu intensiven persönlichen Beziehungen aus dem Weg zu gehen. *Blockaden*

Die großen Dinge des Lebens sind für sie kein Problem, die kleinen aber schon. So kann einer ein Firmenimperium aufbauen, ohne jemals gelernt zu haben, Mitarbeiter angemessen zu kritisieren und umgekehrt auf deren Kritik einzugehen. Ein anderer mag ein herausragender Wissenschaftler sein, ohne die Zeit zu finden, eine Familie zu gründen. Alles, was mit wirklichen persönlichen zwischenmenschlichen Beziehungen zu tun hat, ist für sie die größte Herausforderung überhaupt. Sich auf Menschen einzulassen, ohne daß es klare Spielregeln und Bedienungsanweisungen gibt, das verunsichert die Steinbockmond-Geborenen mehr als alles andere – und es verschafft ihnen die größte Befriedigung, wenn es ihnen doch gelingt, über ihren Schatten zu springen.

Wassermannmond

Individua-
listen

Wassermann-Menschen sind Individualisten, diejenigen, die zusätzlich auch noch den Mond im Wassermann stehen haben, in besonders gesteigertem Maße. Diese Persönlichkeiten können niemanden kaltlassen – entweder man liebt und bewundert sie, oder man hält sie für verschrobene Exzentriker, die sich nicht an ihre Umgebung anpassen können. In der Tat ist der Umgang mit ihnen nicht immer leicht: Dinge, die sie gestern noch begeistert haben, können ihnen heute völlig gleichgültig sein. Doch sprunghafte Stimmungswechsel und Einstellungsänderungen sind ihre Stärke und nur selten eine Schwäche. Denn immer sind sie auf der Suche nach dem Neuen, Außergewöhnlichen und Originellen. Alltägliches gibt es schließlich schon genug, und sie sind nicht auf dieser Welt, um sich mit Trivialitäten abzugeben.

So haben denn auch viele Künstler und Lebenskünstler diese Konstellation. Da sie in hohem Maße von ihren Stimmungen abhängig *Kreativität* sind und aus diesen auch ihre besondere Kreativität beziehen, können sich nur wenige an einen geregelten Tagesablauf gewöhnen. Das macht ihnen die Arbeit in einem normalen Beruf natürlich nicht leicht, und wann immer möglich, werden sie sich eine Tätigkeit wählen, die ihnen größtmögliche Freiheiten in der Gestaltung ihrer Arbeitszeit läßt. So wichtig ihnen ihr persönlicher Freiraum auch ist, so liegt den höherentwickelten Persönlichkeiten doch viel daran, sich diesen nicht auf Kosten anderer zu verschaffen. Sie möchten nicht nur einfach ihr »eigenes Ding« machen, sie sind auch fast immer bestrebt, mit ihren originellen Fähigkeiten die Welt oder doch zumindest ihre persönliche Umgebung ein wenig menschlicher, bunter und phantasievoller zu machen.

Oft besitzen Menschen mit einem Wassermannmond ein ausgesprochen komisches Talent, das ihr Publikum auf unterhaltsame Weise zum Nachdenken anregt. Sie verfügen über die natürliche Gabe, sich über eine Situation zu stellen, Angriffe und Kritik an sich abperlen zu lassen und so zu tun, als ob jemand ganz anderer gemeint wäre. In den meisten Fällen reicht das schon, um den Gegner ins Leere laufen zu lassen.

Komisches Talent

Wer unter dieser Konstellation geboren wurde, für den ist nicht das Außergewöhnliche, sondern der Alltag eine echte Herausforderung – zum Beispiel Rechnungen pünktlich zu bezahlen oder den Garten in Ordnung zu halten.

Herausforderung

Auffällig ist ihr empfindsames Reagieren auf die Mondphasen. Das gilt insbesondere für den Vollmond, aber auch für den Neumond. In diesen Tagen sollten sie nach Möglichkeit Alkohol meiden und keine besonders schwierigen oder riskanten Dinge unternehmen.

Fischemond

Wenn Sie einen Wassermann kennen, aus dem Sie auch nach langer Zeit und trotz ernsthaften Bemühens einfach nicht schlau werden, ist die Wahrscheinlichkeit hoch, daß sein Mond in den Fischen steht. Das ist auch weiter kein Wunder, denn in der Regel sind diese Menschen sich selbst ein Rätsel. Und wenn sie sich selbst schon nicht begreifen, wie sollen es dann erst andere können?

Verständnis Ihre Stärke ist, daß sie – darin sind sie den Schützemond-Geborenen ähnlich – für so ziemlich alles und jeden Verständnis aufbringen können, allerdings ohne daß sie deshalb immer mit allen Äußerungen einverstanden wären. Da sie gleichzeitig auch gute Zuhörer sind, fühlt sich ihr Gegenüber verstanden und kann selbst Kritik akzeptieren, ohne sich verletzt zu fühlen.

Ihre größte Schwierigkeit im Umgang mit sich selbst ist hingegen, daß sie im Leben immer wieder Phasen durchlaufen, in denen sie beim besten Willen nicht wissen, was sie wollen – das aber mit aller Macht. In solchen Perioden sind sie ruhelos, grüblerisch und mit sich und der Welt zutiefst unzufrieden. Wann immer es möglich ist, sollten sie in solchen Zeiten eine kreative Pause einlegen und sich an einen Ort zurückziehen, wo sie ungestört ihren Gedanken nachhängen können.

Je mehr es ihnen gelingt, abzuschalten und sich von dem Zwang, immer etwas tun zu müssen, zu befreien, um so schneller werden sie ihre innere Klarheit zurückgewinnen. Voller neuer Ideen und mit frischem Elan kehren sie dann nach einer Phase des Auftankens wieder in die Alltagswelt zurück.

Sensibilität Überhaupt besitzen diese Menschen eine ganz außerordentliche Sensibilität in Verbindung mit einem scheinbar unerschöpflichen seelischen Energiereservoir. Mehr als andere neigen sie deshalb auch dazu, sich bis zur völligen Erschöpfung zu verausgaben. Schon allein aus diesem Grund sind regelmäßige Erholungsphasen und Rückzugsmöglichkeiten dringend notwendig. *Erschöpfung*

Höherentwickelten Persönlichkeiten ist – trotz der durchaus häufig vorhandenen Heimatliebe – jede Form von Stammtischpatriotismus fremd. Kulturelle und soziale Unterschiede sind ihnen nicht so wichtig, auch wenn sie die damit verbundenen Probleme im praktischen Leben durchaus sehen. Für sie persönlich zählen jedoch ausschließlich der Charakter eines Menschen und nicht seine Herkunft oder sein Bildungsgrad.

Zu Menschen, die ihnen nicht liegen, suchen sie eine höfliche Distanz, aus der jeder ungestört seine eigenen Wege gehen kann. Offenem Streit oder aggressiven Auseinandersetzungen stellen sie sich nur, wenn sich dies überhaupt nicht vermeiden läßt. Das bedeutet mitnichten, daß sie feige wären, doch in der Regel sind sie einfach davon überzeugt, daß es produktivere Möglichkeiten gibt, Meinungsverschiedenheiten auszutragen, als sich zu bekämpfen.

Neben der außergewöhnlichen Phantasie und der so gut wie immer vorhandenen künstlerischen Begabung besitzen sie auch eine starke Intuition. Kaum jemand versteht es besser, sich zur richtigen Zeit am richtigen Ort aufzuhalten, als sie. *Phantasie*

Die größte Schwierigkeit mit dieser Konstellation mag die Einsicht sein, daß es keinen anderen Sinn im Leben gibt außer dem, den wir ihm selbst geben.

Da es für Fischemonde keine verbindlichen Vorgaben gibt, an denen sie sich orientieren und festhalten könnten, müssen sie lernen, sich selbst die Welt zu »erschaffen«, in der sie leben wollen und können. Der Fischemond bietet die größte Chance zur Freiheit, aber er stellt auch die größte Herausforderung aller Mondzeichen dar.

Was kommt auf den Wassermann zu?

Welcher Tag wofür geeignet ist

Ein wichtiger Bereich der Astrologie ist die Prognose, also die »Vorhersage« zukünftiger Ereignisse. Viele Astrologen machen keine Prognosen mehr, weil sie meinen, damit seriöser zu wirken und bei ihren Gegnern eher anerkannt zu werden. Ich habe allerdings den Verdacht, daß die meisten vor Zukunftsdeutungen zurückschrecken, weil sie es einfach nicht können. So versucht also mancher, aus der Not eine Tugend zu machen. Nützen tut dies niemandem. Kein Astrologiegegner läßt sich bekehren, weil manche Astrologen keine Prognosen mehr machen. Und wer die Dienste eines Astrologen beansprucht, möchte im allgemeinen doch etwas über seine Zukunft erfahren. Auch Meister der Astrologie geben zu, daß nicht jede Vorhersage exakt eintrifft. Das ist aber weder schlimm noch ein auf die Astrologie begrenztes Phänomen: Die Leistungen der modernen Meteorologie sind unbestritten, und dennoch kann es immer wieder passieren, daß man beispielsweise im Auto sitzt und den Wetterbericht hört, dem zufolge es besonders schön sein soll, während man die Scheibenwischer laufen läßt, weil es draußen in Strömen schüttet. Und es gibt viele Menschen, die gesund und munter sind, obwohl ihnen ein Arzt vor Jahren nur noch wenige Wochen Lebenserwartung prophezeit hat.

Astrologen sind keine Wahrsager, und unfehl-

Prognose

bar sind sie schon gar nicht. Diese Eigenschaften teilen sie mit den meisten anderen Menschen. Trotzdem ist die Bestimmung der Chancen und Risiken zukünftiger Ereignisse sinnvoll und nützlich. So mancher liebeskranke Jüngling würde viel darum geben, wenn er den Tag wüßte, an dem die Aussichten, bei seiner Angebeteten Gehör zu finden, am größten sind. Sicherlich würde er auch hinnehmen, daß er sich eventuell noch ein Weilchen gedulden muß. Um so mehr, wenn ihm bewußt ist, daß übereiltes Handeln alles verpatzen könnte oder seine Herzdame gar in die Arme eines anderen treibt.

Bestim-
mung der
Chancen

Genau das kann die Astrologie leisten: zu bestimmen, wann Ihre Chancen, erfolgreich zu sein, besonders gut sind und wann man von etwas besser die Finger läßt. Dies ist sogar so einfach, daß man kein Experte sein muß, um günstige und kritische Tage zu bestimmen. Und so geht's:

Als erstes benötigen wir den Geburtstag des Menschen, für den wir die Prognose machen wollen. Nehmen wir als Beispieldatum den 10.4., das Geburtsjahr spielt keine Rolle.

Begeg-
nungszeit-
raum

6 Monate nach dem Geburtstag finden Sie den Begegnungszeitraum. Das ist in unserem Beispiel der 10.10. plus/minus 5 Tage, also vom 5. bis zum 15.10. Dies ist die günstigste Zeit im Jahr, um jemanden kennenzulernen, sich mit anderen auszusöhnen oder einfach etwas mit den Menschen zu unternehmen, die einem am meisten bedeuten. Je mehr Sie sich in diesen Tagen auf andere statt auf sich selbst konzentrieren, um so mehr werden Sie von dieser Zeit profitieren. *Die für Sie persönlich günstigsten Zeiträume finden Sie 4 und 8 Monate nach dem Geburtstag.* In unserem Beispiel wären dies also der 10.8. und der 10.12. Auch hier gilt wie in allen anderen Fällen ein Zeitraum von plus/minus 5 Tagen. Alles, was Sie jetzt beginnen, hat größere Chancen als sonst, zu einem erfolgreichen Ergebnis zu gelangen. Passieren wird in diesen Phasen allerdings nur selten etwas Außergewöhnliches. Hier gilt das englische Sprichwort: »No news is good news« (Keine [schlechten] Nachrichten sind gute Nachrichten). Diese Konstellation wirkt sich genau umgekehrt aus wie die 3 und 9 Monate nach dem Geburtstag. *Persönlich günstiger Zeitraum*

Schließlich sollen noch zwei Zeiträume genannt werden, die besonders für berufliche und geschäftliche Reisen geeignet sind. Sie eignen sich auch bevorzugt für Verhandlungen und Gespräche, Veränderungen in der Wohnung oder am Haus sowie für das Zusammentreffen mit Freunden oder Geschäftspartnern. Die Daten sind 2 und 10 Monate nach dem Geburtstag. In unserem Beispiel wären das der 10.6. und der 10.2. *Beruf und Reise*

Da sich diese Daten jedes Jahr wiederholen, genügt es, sie einmal zu berechnen und zu notieren. Wenn Sie die hier gemachten Aussagen mit den Ereignissen in Ihrer persönlichen Vergangenheit überprüfen, werden Sie mit Sicherheit feststellen, daß sich so häufig treffende Übereinstimmungen ergeben, daß schon böser Wille oder Ignoranz notwendig sind, um hier noch von »reinem Zufall« sprechen zu können. Eine besonders kritische Zeit, in der Sie besser keine wichtigen Entscheidungen treffen und in der Sie nicht unnötig Riskantes unternehmen sollten, ist *3 Monate nach* *Kritische Zeit dem Geburtstag.* Da der April der 4. Monat im Jahr ist, rechnen wir einfach 4 + 3 und kommen so auf den 10.7. Die Zeit 5 Tage vor bis 5 Tage nach diesem Datum ist nun ein Zeitraum, während dessen besondere Vorsicht angebracht ist.

Die gleiche Konstellation gilt *9 Monate nach dem Geburtstag.* Bei unserem Beispieldatum wäre dies der 10.1., 4 + 9 = 13. Auch hier gilt wieder der Zeitraum plus/minus 5 Tage, somit der 5. bis 15.1.

Auf diese Weise haben Sie einfach und zuverlässig die beiden Zeiträume im Jahr bestimmt, in denen Sie besser nicht aktiv werden sollten, weil die Gefahr, Fehler zu machen, größer als sonst ist. Diese beiden Daten sind jedoch nicht durchweg problematisch, das gilt nur für das eigene Handeln und für Entscheidungen von großer Tragweite.

Positive Ereignisse Dafür sind die Chancen, daß Ihnen Positives widerfährt, höher als sonst. Das mag wie ein Widerspruch klingen, ist es aber nicht: In den genannten Zeiträumen hat schon mancher eine Gehaltserhöhung bekommen, oder er erhielt einen wichtigen Brief, auf den er schon lange gewartet hatte. Möglicherweise schenkt Ihnen jemand etwas, oder Sie finden einen verlorengegangenen Gegenstand wieder. All dies sind jedoch Vorgänge, die Sie nicht direkt beeinflussen können. Man erlebt sie als glückliche Zufälle oder als das Ergebnis von Aktivitäten, die schon zurückliegen. Je offener Sie sind, je mehr Sie bereit sind, in diesen Tagen die Dinge einfach auf sich zukommen zu lassen, um so größer ist die Chance, daß aus Unglückstagen Glückstage werden.

Genauere Aussagen lassen sich treffen,
wenn Sie berücksichtigen, daß die Konstellationen in den meisten Fällen am stärksten am
berechneten Datum bis 2 Tage danach »wirken«. In unserem Beispiel wären das also der
10. bis 12. in den jeweiligen Monaten.

Diese Aussagen lassen sich wiederum präzi-
sieren, wenn Sie die im übernächsten Abschnitt beschriebenen persönlichen Glücks-
und Unglückszahlen mit einbeziehen. Hierzu
müssen Sie lediglich das Datum in eine ein-
und eine zweistellige Zahl verwandeln. Greifen
wir wieder auf unser Beispiel zurück und
wählen den 10.10.1997. (Bei dieser Rechnung
muß die Jahreszahl mit einbezogen werden.)
Um zu einer ein- und einer zweistelligen Zahl
zu gelangen, müssen Sie lediglich die Quersumme des Datums bilden, das heißt die einzelnen Ziffern addieren: $1 + 1 + 1 + 9 + 9 + 7 =$
28; $2 + 8 = 10$; $1 + 0 = 1$. Der 10.10.1997 ergibt
also zwei zweistellige und eine einstellige Zahl:
10, 28 und 1. Jetzt müssen Sie lediglich nachschauen, ob eine dieser Zahlen zu Ihren persönlichen Glücks- oder Unglücksdaten gehört.
Da in unserem Beispiel der 10.10. der Stichtag
des persönlichen Begegnungszeitraumes ist,
ergeben sich folgende Deutungen:

*Glücks-
und
Unglücks-
zahlen*

♦ *Glückszahl:* deutlich erhöhte Wahrschein-
lichkeit für positive zwischenmenschliche
Kontakte und angenehme Erlebnisse im
Partnerschaftsbereich;
♦ *Unglückszahl:* deutlich erhöhte Wahrschein-
lichkeit für wichtige Erlebnisse im Begeg-
nungsbereich, die jedoch nicht frei von
Spannungen und Konflikten sein werden;

◆ *keine Zahl:* allgemein erhöhte Ereignis-
wahrscheinlichkeit im Begegnungsbereich,
die jedoch nicht annähernd so groß ist wie
die Auslösung durch Glücks- oder Unglückszahlen.

Wer es genau wissen möchte, berechnet die
Zahlen für den gesamten Ereigniszeitraum.

Diese Technik ist sehr einfach. Überprüfen
Sie einige Ereignisse der Vergangenheit, und
machen Sie sich ein eigenes Bild von ihrer
Treffsicherheit. Die besten Entsprechungen
werden Sie bei der Übereinstimmung mit persönlichen Unglücks- oder Glückszahlen finden, die auf den Stichtag plus/minus zwei Tage
fallen.

Was den Wassermann im Lauf des Jahres erwartet

Wohl jeder würde gern wissen, was die nächste
Zukunft für ihn bereithält, erst recht, wenn er
sich für Astrologie interessiert. Um eine allgemeine Übersicht zu erhalten, gibt es eine sehr

Vorhersage

einfache und effektive Methode: Merken Sie
sich genau die Ereignisse am Tag vor Ihrem
Geburtstag, am Geburtstag selbst und einen
Tag nach dem Geburtstag. So, wie es Ihnen an
diesen Tagen im kleinen geht, so verläuft im
großen das darauffolgende Lebensjahr. Das
heißt, der Tag vor dem Geburtstag entspricht
dem ersten Jahresdrittel, der Geburtstag dem
zweiten und der Tag nach dem Geburtstag
dem dritten.

Ein Beispiel aus der Praxis: Ein junger Mann
fiel bei Reparaturarbeiten an seinem Haus

Der Astronomus.

So bin ich ein Astronomus/
Erkenn zukünfftig Finsternuß/
An Sonn und Mond/durch das Gestirn
Darauß kan ich denn practiciern/
Ob künfftig komm ein fruchtbar jar
Oder Theuwrung und Kriegßgefahr/
Und sonst manicherley Kranckheit/
Milesius den anfang geit.

Astronomus: Bild von Jost Amman und Vers von Hans Sachs aus »Eygentl. Beschreibung Aller Stände auff Erden«, Frankfurt 1568

einen Tag vor seinem Geburtstag von einer
Leiter und verstauchte sich ein Fußgelenk.
Am Geburtstag mußte er gegen seine ur-
sprüngliche Absicht arbeiten, da ein Kollege
krank geworden war. Als er später heimkam,
um mit seiner Frau endlich zu feiern, war er so
überreizt, daß es zum Streit kam und der
ganze Abend verdorben war. Am darauffolgenden Tag sorgte er dafür, daß er früher als sonst

Beispiel   heim konnte. Er versöhnte sich mit seiner
Frau, die beiden beschlossen spontan, den
Abend nachzufeiern. Sie gingen aus und verstanden sich so gut wie schon lange nicht
mehr. Der Streit war vergessen und begraben.

Zwei Monate später zog sich der junge Mann
beim Skilaufen einen komplizierten Beinbruch
zu, der ihn für sechs Monate arbeitsunfähig
machte. Die ganze Zeit über war unklar, ob sein
Bein wieder vollständig gesunden würde. Zusätzlich bedrückte ihn die Sorge um seinen Arbeitsplatz. Die erzwungene Untätigkeit und die
Ungewißheit setzten ihm so zu, daß er phasen-
weise trank und das Verhältnis zu seiner Frau
immer schlechter wurde. Im zweiten Jahresdrittel entlud sich die angespannte Situation in
einem schlimmen Ehekrach. Nervlich am Ende
und unter Alkoholeinfluß schlug er sogar seine
Frau, was ihm sonst nie in den Sinn gekommen
wäre. Noch am selben Abend zog diese zu einer
Freundin. Der junge Mann verfiel jetzt kurzzei-
tig vollständig dem Alkohol. Er änderte seine
Lebensweise jedoch radikal, als der Gips entfernt wurde und sich zeigte, daß sein Bein vollständig verheilt war. Er hatte nicht, wie be-
fürchtet, seinen Arbeitsplatz verloren. Sofort
stellte er seinen übermäßigen Alkoholkonsum

ein. All dies gab ihm die Kraft, einzusehen, in welchem Maße er selbst zu der traurigen Entwicklung in seiner Ehe beigetragen hatte. Er bemühte sich darum, seine Frau zurückzugewinnen, was ihm auch schließlich gelang. Drei Monate vor seinem Geburtstag kam es zu einem ausgedehnten Treffen zwischen beiden, bei dem sie zum erstenmal offen über die Probleme in ihrer Ehe sprachen. Nach der Aussöhnung verstanden sich beide besser als je zuvor.

Zugegeben, nicht immer sind die Entsprechungen so offensichtlich wie in diesem Bilderbuchbeispiel. Aber glücklicherweise werden wir ja auch nicht jedes Lebensjahr von solch dramatischen Ereignissen gebeutelt. Wer sich die Mühe macht und die Ereignisse um vergangene Geburtstage mit denen der darauffolgenden Lebensjahre vergleicht, lernt schnell, diese Zusammenhänge zu sehen und zu verstehen. Mit ein wenig Kreativität können Sie dann auch Ihren letzten Geburtstag untersuchen und eine Prognose für das laufende Lebensjahr wagen. Wer es noch genauer wissen möchte, der sei auf den nachfolgenden Abschnitt verwiesen.

Zusammenhänge verstehen

Nur einen Fehler sollten Sie unbedingt vermeiden: Lassen Sie sich nicht ins Bockshorn jagen, Bangemachen gilt nicht. Verderben Sie sich nicht zukünftige Geburtstage durch die Angst vor jedem noch so kleinen Mißklang! Wer derartige Zusammenhänge zu ernsthaft und besorgt betrachtet, geht in die Falle lebensfeindlichen Aberglaubens. Das ist nicht der Sinn der Sache. Eine neugierig-humorvolle Herangehensweise ist hier sicherlich das beste Gegenmittel.

Aberglaube

Die persönlichen Glücks- und Unglückszahlen

Die Glückszahl des Wassermanns ist – wie beim Steinbock – die 8. (Nach dem neuen Herrscher Uranus wäre es die 11.) Das gilt auch für ihre Vielfachen, also 16, 24, 32 und so weiter sowie für alle Zahlen, die auf die Ziffer 8 enden. Das heißt, für Wassermänner sind zum Beispiel das 8., das 16., das 18., das 24., das 32. und das 38. Lebensjahr von entscheidender Bedeutung, meist im positiven Sinne.

Günstige Tage   Wer möchte, kann diese Entsprechungen auf die Tage eines Monats anwenden. Hier wären also der 8., der 16., der 18., der 24. und der 28. besonders günstig. Von noch größerem Vorteil ist es, wenn ein solches Datum auf einen Samstag fällt, weil Saturn, der Nebenherrscher des Wassermanns, Regent dieses Tages ist.

Eine weitere Steigerung ist möglich, wenn die Quersumme des untersuchten Datums ebenfalls 8 beträgt. Die Quersumme finden wir, indem wir die Ziffern eines Datums einfach zusammenzählen. Beispiel: 8.1.1970 = 8 + 1 + 1 + 9 + 7 + 0 = 26. 2 + 6 = 8.

Natürlich läßt sich dieses Spiel auch anwenden auf Autonummern, Hausnummern oder die Zahlen, auf die man beim Roulette setzt. Allerdings kann man alles so übertreiben, daß aus einer guten Sache eine schlechte wird.

Unglückszahlen   Unglückszahlen des Wassermanns sind die 5 und die 9. Die Anwendungsregeln sind die gleichen wie bei den Glückszahlen. Auch hier sollte man Übertreibungen vermeiden. Nur ein ausgesprochen dummer Wassermann läßt sich etwa den Partner seiner Träume durch die Lappen gehen, weil dieser etwa zum Zeitpunkt des Kennenlernens 25 Jahre alt war.

Der aufmerksame Leser wird bemerkt haben, daß es Zahlen geben muß, die gleichzeitig Glücks- und Unglückszahlen sind, zum Beispiel 18. Hier ist anzumerken, daß die Quersumme immer bedeutsamer ist als die letzte Ziffer. Die 18 ist also eher als kritisch zu bewerten (1 + 8 = 9).

Zu guter Letzt in diesem Zusammenhang sollen noch die Ergänzungs- oder Begegnungszahlen erwähnt werden. Diese sind beim Wassermann die 1 und die 4. Alle Daten, die auf 1 oder 4 enden und/oder als Quersumme 1 oder 4 ergeben, sind für Begegnungen und zwischenmenschliche Kontakte aller Art besonders geeignet.

Ergänzungs- und Begegnungszahlen

Uranus ist der Nebenherrscher im Zeichen Wassermann

Der Wassermann und sein Umfeld

Der Wassermann und die anderen

Der Wassermann ist ein inspirierender, origineller und anregender Kamerad und schätzt mehr als jedes andere Zeichen die Kunst der Freundschaft. Zahlreiche Freundschaften helfen ihm, sein Kommunikationsbedürfnis zu befriedigen, und geben ihm das Gefühl von Sicherheit, das andere Tierkreiszeichen aus materieller Absicherung oder sozialem Status ziehen. Sie bedeuten ihm oft sogar mehr als Liebesbeziehungen. Es kommt gar nicht so selten vor, daß ein Wassermann, der – aus welchen Gründen auch immer – zwischen einem Freund und einem Partner wählen muß, sich für ersteren entscheidet. Das kann sich auch in der Form äußern, daß er einer möglichen Beziehung zu einem Menschen, in den er verliebt ist, aus dem Weg geht, um ihn nicht als Freund und Kumpel zu verlieren.

Freund-schaften

Eine Erklärung dafür ist, daß diese sprunghaften Naturelle das Beständige lieben, vor allem in zwischenmenschlichen Beziehungen. Eine Liebesbeziehung ist immer gefährdet und zerbrechlich. Eine Freundschaft kann – ein wenig guten Willen bei den Beteiligten vorausgesetzt – möglicherweise ein Leben lang halten. Zumindest ist das ihre Art, die Dinge zu sehen. Ein weiterer Grund liegt darin, daß sie allzu großen Gefühlen mißtrauen und auch ein wenig Angst vor ihnen haben. Sie schätzen es, dem anderen in Unabhängigkeit zu begeg-

Liebesbezie-hungen

nen und seine Nähe genießen zu können, ohne sich dabei zu irgend etwas zu verpflichten. In der Liebe ist das jedoch kaum möglich, da man hier seinen eigenen Gefühlen und damit letztlich auch dem Partner ausgeliefert ist.

Wer sich nach totaler romantischer Liebe und ewiger Treue sehnt, schaut sich daher am besten woanders um. Sucht man jedoch einen Freund, der sich nebenbei auch als Liebhaber oder Lebensgefährte eignet, ist man mit diesem Tierkreiszeichen bestens bedient.

Gefühle In Gefühlsdingen sind sie oft ein wenig naiv und sogar weltfremd. Dies kann so weit gehen, daß sie erst dann merken, daß sie verliebt sind, wenn die Menschen in ihrer Umgebung sie darauf aufmerksam machen. Sind sie sich ihrer Gefühle erst einmal bewußt, heißt dies noch lange nicht, daß sie wissen, wie sie damit umgehen sollen. Vielleicht können sie sogar so exzellent flirten, daß ihr Gegenüber in kürzester Zeit weiche Knie bekommt. Wenn es sie jedoch einmal »erwischt« hat, werden sie große Schwierigkeiten haben, die richtigen Worte zu finden. Oft gehen sie dem Menschen ihres Herzens regelrecht aus dem Weg und versuchen, das »Problem« mit einer albernen Vogel-Strauß-Politik zu umgehen. Auch hier werden oft genug gute Freunde mithelfen müssen, den Wassermann unter die Haube zu bringen.

Sind sie dann endlich über ihren Schatten gesprungen, gehören Aufrichtigkeit der Gefühle und Beständigkeit zu ihren besonderen Tugenden. Solange ihr Partner sie nicht hintergeht und belügt, wird es von ihrer Seite kaum einen Anlaß geben, der die Beziehung scheitern lassen könnte. Sie verlangen viel Toleranz

Beständigkeit

und persönlichen Freiraum, aber sie sind auch bereit, sehr viel Toleranz aufzubringen.

Wie kann's der Wassermann mit den übrigen Tierkreiszeichen?

Entgegen der allgemein verbreiteten Meinung gibt es keine bestimmten Tierkreiszeichen, die automatisch gut zusammenpassen, während sich andere überhaupt nicht verstehen. Dies liegt nicht nur daran, daß unser Sonnenzeichen nur *ein* Aspekt unter vielen in unserem Horoskop ist. Entscheidend ist ganz einfach der gute Wille zweier Menschen: Ein Liebespaar, das glücklich verliebt ist, wird sich kaum darum scheren, ob es aus astrologischer Sicht miteinander harmoniert oder nicht. Umgekehrt können Menschen Todfeinde sein, die der Theorie nach doch gut zusammenpassen müßten. Dennoch sind allgemeine Hinweise sinnvoll und nützlich, um feststellen zu können, wo Stolpersteine im Umgang miteinander liegen können und wo es besondere Chancen gibt.

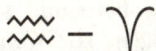

Wassermann – Widder

Dies ist eine der interessantesten Verbindungen zwischen zwei Tierkreiszeichen. Widder und Wassermann sind ausreichend verschieden, um sich nicht in die Quere zu kommen, und ähnlich genug, um hervorragend zusammenzupassen.

Die wenigen Widder-Geborenen, die versuchen, einen Wassermann herumzukomman-

Interessante Verbindung

dieren, geben diesen zum Scheitern verurteilten Versuch sehr schnell wieder auf. Wassermänner lassen sich von jedem Vorschriften machen – um umgehend das Gegenteil von dem zu tun, was man von ihnen verlangt. Wenn es ein Tierkreiszeichen gibt, das eine natürliche Allergie gegen Vorgesetzte und Befehle hat, dann dieses. Manche versuchen es deshalb mit dem Trick, ihnen das Gegenteil von dem vorzuschreiben, was sie eigentlich erreichen wollen. Doch solche Experimente sind ungefähr so erfolgreich, wie einem Teenager das Rauchen zu befehlen – in der Hoffnung, daß er es dann aus Protest läßt. Widder halten grundsätzlich nichts von raffinierten Manipulationen – was einer nicht freiwillig tut, soll er eben lassen. Das mag nicht unbedingt für das Berufsleben gelten, aber für ihren persönlichen Umgang.

Faszination   Was einen Wassermann an einem Widder fasziniert, ist der Charme der Unverblümtheit. Wassermänner sind es gewohnt, mit charmanten Lügen umzugehen, sie wissen, wie man sich Menschen entzieht, die einem Schuldgefühle machen wollen, und sie können sich gegen Erpressungen zur Wehr setzen. Wenn einer jedoch geradeheraus sagt, was er denkt und will, sind sie erst einmal sprach- und anschließend wehrlos. Nicht umsonst spricht man hier von entwaffnender Offenheit. Viele Wassermänner sind von dieser Charaktereigenschaft des Widders so fasziniert, daß dies bereits ausreicht, um sich in ihn zu verlieben. Der Widder schätzt am Wassermann wiederum das Außergewöhnliche und Exotische. Für ihn ist der Wassermann wie ein Paradiesvogel in einer ansonsten grauen Alltagswelt. Der Widder bewundert die Fähigkeit des Wassermanns, sich gesellschaftlichen Konventionen zu entziehen, und er ist fasziniert von dessen Mut zum eigenen Stil. So verbindet diese so unterschiedlichen Charaktere schon zweierlei: die Abneigung gegen jede Form von Anpassung und Unterdrückung und der Mut, auch gegen äußeren Widerstand seinen eigenen Weg zu gehen.

Verbindung

In Partnerschaften, die auf Dauer angelegt sein sollen, ist es selten ein Problem, daß sich beide genügend Freiheiten einräumen, dies ist für zwei so eigenständige Naturelle eine der leichtesten Übungen. Eine größere Schwierigkeit ist es, die Angst vor Nähe zu überwinden und sich ohne Wenn und Aber auf den anderen einzulassen. Insbesondere der Wassermann hat hier manchmal Probleme. Glaubt er doch unbewußt, daß er, wenn er sich auf den Widder einläßt, auf der Stelle dafür bestraft wird. Das ist natürlich Unsinn, das Denken und Handeln des Widders ist nun einmal geradlinig und nicht so komplex und verwinkelt wie das des Wassermanns. Manche erfolgversprechende Partnerschaft ist allerdings schon daran gescheitert, daß der Wassermann zu lange zauderte und sich weder zu einem klaren Ja noch zu einem eindeutigen Nein durchringen konnte. Zwar kämpft der Widder engagiert um sein Glück, doch seine Geduld währt nicht ewig. Es hat schon häufiger Fälle gegeben, in denen das lang ersehnte Ja des Wassermanns um einige Tage zu spät kam.

Angst vor Nähe

Paare mit dieser Konstellation sollten deshalb genau prüfen, ob sie beeinanderbleiben wollen, sich bei der Entscheidung jedoch nicht unnötig viel Zeit lassen. Sonst klären sich die Dinge von allein, ohne daß dies immer im Sinne der Beteiligten wäre.

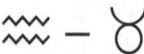

Wassermann – Stier

In den meisten Astrologiebüchern wird diese Verbindung als sehr problematisch angesehen und als hoffnungslos zum Scheitern verurteilt. Glücklicherweise ist dem mitnichten so. Beide Zeichen vermögen sich unter bestimmten Vor*Ergänzung* aussetzungen hervorragend zu ergänzen, auch wenn ihre Temperamente kaum unterschiedlicher sein könnten. Der Wassermann mag zum voreiligen Handeln neigen, während der Stier vielleicht allzu vorsichtig oder gar zögerlich an die Dinge herangeht.

Doch können beide viel voneinander lernen: Der Stier kann dem Wassermann vermitteln, wie man sein Leben möglichst effektiv organisiert und plant. Er weiß, wie man sein Geld am besten anlegt, wie man sein Haus am besten instand hält und welche Weinsorten am besten schmeckt. Der Wassermann hingegen *Vorbild* kann dem Stier ein Vorbild sein, wenn es darum geht, sich von den Schatten der Vergangenheit zu lösen und voller Energie einen Neuanfang zu wagen. Er kann zeigen, wie man intuitiv unerwartete Probleme meistert, denen der Stier wie gelähmt gegenüberstünde. Auch in persönlichen Auseinandersetzungen besteht die Möglichkeit für den Stier, vom Wassermann zu lernen, kann jener doch nur »dichtmachen«

oder den Ort des Geschehens wutschnaubend verlassen, wenn sich jemand über die Spielregeln des guten Benehmens einfach hinwegsetzt und sich ihm gegenüber beleidigend oder unverschämt verhält. Der Wassermann hätte den dreisten Widersacher bereits mit einer schnippischen Bemerkung der allgemeinen Lächerlichkeit preisgegeben, während der Stier noch darüber nachsinnt, wie er sich in einer solchen Situation angemessen verhalten könnte.

So unterschiedlich diese beiden Tierkreiszeichen auch sind, gemeinsam sind ihnen ihr Eigensinn und ihre Starrköpfigkeit. Außenstehende mögen sich kopfschüttelnd fragen, wie ein solches Paar es fertigbringt, selbst über Nebensächlichkeiten stundenlang erbittert zu debattieren, um dann endlich einen Kompromiß zu finden, der beiden recht gibt und keinen das Gesicht verlieren läßt. *Gemeinsamkeiten*

So mancher wird es sich deswegen zweimal überlegen, bevor er mit einer Stier-Wassermann-Verbindung in Urlaub fährt. Doch zum Glück lernen die meisten mit der Zeit den Klärungsbedarf bei Alltagsthemen deutlich einzuschränken – schließlich ist ja jede Diskussion irgendwann einmal bereits geführt worden –, und nichts entnervt einen Wassermann mehr als endlose Wiederholungen. Dem Stier wiederum sind allzu lange Gespräche an sich schon ein Greuel. Auf der anderen Seite können Stier-Wassermann-Paare gerade wegen ihrer Verschiedenartigkeit soviel voneinander lernen, und das braucht eben seine Zeit und kann nicht ohne Reibereien gelingen. *Gespräche*

In Freundschaften und Geschäftsbeziehungen kommt die Motivation, die schwierige Anfangsphase meistern zu wollen, tatsächlich häufig aus der bewußten oder unbewußten Einsicht, daß sich die »Investition« für beide Seiten früher oder später lohnen wird.

Erotische Anziehung

In Liebesbeziehungen ist es oft eine ganz außergewöhnlich starke erotische Anziehung, welche die großen Temperamentsunterschiede vergessen läßt und vielen Auseinandersetzungen die Spitze nimmt. In Verbindungen, die diese Phase heil überstehen, haben beide Beteiligten gelernt, den anderen so zu nehmen, wie er ist, und die völlig unterschiedliche Persönlichkeit des Partners als Bereicherung aufzufassen. Dort, wo sie ein gemeinsames Lebenskonzept aufgebaut haben, ziehen sie an einem Strang, und kaum jemand hat eine Chance, einen Keil zwischen die beiden zu treiben, dafür haben sie sich die gemeinsame Basis zu hart erarbeitet. Bei Themen hingegen, bei denen die Persönlichkeits- und Temperamentsunterschiede unüberbrückbar sind, läßt man sich gegenseitig so viel

Freiheiten

Freiraum, daß keiner den anderen behindert.

Wassermann-Stier-Verbindungen sind also keine Partnerschaften, die so ohne weiteres auf Anhieb problemlos »funktionieren«. Dafür sind sie zur gegenseitigen Persönlichkeitsentwicklung um so nützlicher. Und ohne Herausforderungen gibt es nun einmal kein seelisches Wachstum.

$$\approx - \mathrm{I\!I}$$

Wassermann – Zwillinge

Die Verbindung dieser Tierkreiszeichen ist besonders vielversprechend. So gut wie immer werden sich beide auf Anhieb verstehen. Der *Verständnis* Zwilling hat keine Probleme mit der manchmal ein wenig undiplomatischen und exzentrischen Art des Wassermanns. Dieses wird von ihm instinktiv wahrgenommen und läßt ihn sich offener äußern und mehr von sich preisgeben, als er das normalerweise tut. Der Wassermann fühlt sich in der Gesellschaft des Zwillings wohl, zumal sich dieser aufrichtig für das, was ersterer zu erzählen hat, interessiert (zumindest wenn es nicht zu lange dauert). Er ist einfach von dessen Originalität, Freiheitsdrang und Intelligenz fasziniert.

Der Wassermann wiederum schätzt die Vielseitigkeit und geistige Beweglichkeit des Zwillings. Umgekehrt wird sich der Zwilling gelegentlich mit der manchmal etwas abgehobenen Lebenssicht des Wassermanns schwertun, der mit Alltagsfragen oft nur wenig anfangen kann. Da die Gemeinsamkeiten jedoch deutlich überwiegen, werden solche Persönlichkeitsunterschiede nur selten zu einem ernsthaften Problem werden. *Gemein-samkeiten*

In Liebesbeziehungen ist diese Konstellation außergewöhnlich erfolgversprechend. Dies gilt in besonderem Maße für Paare, die auch beruflich zusammenarbeiten oder gemeinsam sozial und gesellschaftlich engagiert sind.

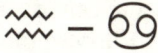

Wassermann – Krebs

In den meisten Astrologiebüchern wird diese Verbindung als problematisch und hoffnungslos zum Scheitern verurteilt angesehen.

Ergänzung

Glücklicherweise ist die Sache halb so wild. Denn beide Zeichen können sich unter bestimmten Voraussetzungen hervorragend ergänzen, auch wenn ihre Temperamente kaum unterschiedlicher sein könnten. Der Wassermann mag zum voreiligen Handeln neigen, während der Krebs vielleicht allzu vorsichtig oder gar zögerlich an die Dinge herangeht. Doch können beide viel voneinander lernen: Der Krebs kann dem Wassermann vermitteln, wie man sich selbst und seinen emotionalen Bedürfnissen am besten gerecht wird.

Der Wassermann hingegen kann dem Krebs ein Vorbild sein, wenn es darum geht, sich von den Schatten der Vergangenheit zu lösen und voller Energie einen Neuanfang zu wagen. Er kann zeigen, wie man intuitiv unerwartete Probleme meistert, denen der Krebs wie gelähmt und voller Angst gegenübersteht. Auch in persönlichen Auseinandersetzungen kann ein Krebs ähnlich wie der Stier vom Wassermann lernen, kann sich ersterer doch nur beleidigt zurückziehen oder seinen Kummer in sich hineinfressen, wenn sich jemand ihm gegenüber verletzend verhält. Der Wassermann hätte den anderen bereits mit einer schnippischen Bemerkung der allgemeinen Lächerlichkeit preisgegeben, während der Krebs noch darüber nachsinnt, wie er seine Wunden lecken soll.

Erotische Anziehung

In Liebesbeziehungen ist es auch hier oft eine ungewöhnlich starke erotische Anziehung, die die großen Temperamentsunterschiede vergessen läßt und vielen Auseinandersetzungen die Spitze nimmt. In solchen Verbindungen, die diese Phase heil überstehen, haben beide Beteiligten gelernt, den anderen so zu

nehmen, wie er ist, und die völlig unterschiedliche Persönlichkeit des Partners als Bereicherung aufzufassen. Bei Themen hingegen, bei
denen die Persönlichkeits- und Temperamentsunterschiede unüberbrückbar sind, läßt man
sich gegenseitig so viel Freiraum, daß keiner *Freiheiten*
den anderen behindert.

Krebs-Wassermann-Verbindungen sind also
keine Partnerschaften, die so ohne weiteres
auf Anhieb problemlos »funktionieren«. Dafür
sind sie für die gegenseitige Persönlichkeitsentwicklung um so nützlicher.

$$\text{≈} - \text{Ω}$$

Wassermann – Löwe

Wenn zwei Tierkreiszeichen wie füreinander
geschaffen sind, dann diese. Die beiden sind
sich niemals gleichgültig – entweder sie sind
die größten Freunde oder die schlimmsten
Feinde. In den meisten Fällen werden sich
beide auf Anhieb verstehen. Der Löwe hat
keine Probleme mit der manchmal ein wenig
undiplomatischen und exzentrischen Art des
Wassermanns. Zum einen ist er sowieso haupt-
sächlich mit sich selbst beschäftigt, zum anderen findet er sie spritzig und originell, und sein
Bekanntenkreis wird ihn um seine Eroberung
beneiden, die durch Originalität, Freiheitsdrang und Intelligenz eine faszinierende Wirkung ausübt. Der Wassermann wiederum
schätzt das »Savoir-vivre« des Löwen, seine
weltmännische und gelassene Art.

Beide glauben fest daran, daß die wahre *Wahre*
Liebe alle Hindernisse überwindet, zumindest *Liebe*

nachdem sie sich kennengelernt haben. So nimmt es auch nicht wunder, daß hier die Liebe auf den ersten Blick öfter vorkommt als bei anderen Tierkreiszeichen. Zwar mag es aus verschiedenen Gründen eine Weile dauern, bis die beiden endgültig zueinanderfinden, doch ist die Entscheidung in Wahrheit schon beim ersten Zusammentreffen gefallen.

Romantik   Echte Partnerschaften zwischen diesen Zeichen sind so gut wie immer sehr romantisch und sehr leidenschaftlich. Das schließt natürlich Auseinandersetzungen, Streit und Eifersucht mit ein. Doch gefährdet dies die Partnerschaft keineswegs, vielmehr intensiviert es die Gefühle füreinander noch.

$$\approx\!\!\approx\ -\ \mathfrak{M}$$

Wassermann – Jungfrau

In den meisten Astrologiebüchern wird diese Verbindung – ähnlich wie die Wassermann-Stier-Partnerschaft – als sehr problematisch angesehen und als hoffnungslos zum Scheitern verurteilt. Glücklicherweise ist dem mitnichten so. Denn beide Zeichen können sich unter bestimmten Voraussetzungen hervorragend ergänzen, auch wenn ihre Temperamente kaum unterschiedlicher sein könnten.

Lernmög-   Der Wassermann mag zum voreiligen Handeln neigen, während die Jungfrau vielleicht allzu vorsichtig oder gar zögerlich an die Dinge herangeht. Doch können beide viel voneinander lernen: Die Jungfrau kann dem *lichkeiten*   Wassermann vermitteln, wie man sein Leben möglichst effektiv organisiert und plant. Sie weiß – und auch darin ist sie dem Stier ähnlich –, wie man sein Geld am besten anlegt, wie man sein Haus am besten in Schuß hält und welche Bank die besten Zinsen zahlt.

Der Wassermann hingegen kann der Jungfrau ein Vorbild sein, wenn es darum geht, sich *Vorbild* von den Schatten der Vergangenheit zu lösen und voller Energie einen Neuanfang zu wagen. Er kann zeigen, wie man intuitiv unerwartete Probleme meistert, denen die Jungfrau fast wie gelähmt gegenüberstände. Auch in persönlichen Auseinandersetzungen kann die Jungfrau – wie viele der übrigen Tierkreiszeichen – vom Wassermann lernen, kann sie doch nur auf den Angriff eingehen oder aber den Ort des Geschehens verlassen, sobald sich jemand ihr gegenüber beleidigend oder unverschämt benimmt. Der Wassermann hätte den anderen bereits mit einer schnippischen Bemerkung der allgemeinen Lächerlichkeit anheimgegeben, während die Jungfrau noch darüber nachsinnt, wie sie am besten sich und ihren Standpunkt zu verteidigen hat.

Wie unterschiedlich diese beiden Tierkreiszeichen auch sind, ge-

Die LIEBENDEN

*Gemein-
samkeiten*

meinsam ist ihnen ihr Eigensinn und ihre Starrköpfigkeit. Wie bei der Verbindung mit dem Stier mögen sich Außenstehende kopfschüttelnd fragen, wie ein solches Paar es fertigbringt, selbst über Nebensächlichkeiten stundenlang erbittert zu debattieren, um dann endlich einen Kompromiß zu finden, der beiden recht gibt und keinen das Gesicht verlieren läßt.

So mancher wird es sich deswegen zweimal überlegen, bevor er auch mit einer Wassermann-Jungfrau-Verbindung in Urlaub fährt. Doch zum Glück lernen die meisten mit der Zeit den Klärungsbedarf bei Alltagsthemen deutlich einzuschränken – schließlich ist ja jede Diskussion irgendwann einmal bereits geführt worden, und wie gesagt entnervt nichts einen Wassermann mehr als endlose Wiederholungen. Der Jungfrau hingegen sind allzu lange Gespräche an sich schon ein Greuel. Schließlich sind sie eine unnötige Energieverschwendung. Auf der anderen Seite können Wassermann-Jungfrau-Paare gerade wegen ihrer Verschiedenartigkeit soviel voneinander lernen, und das braucht eben seine Zeit und kann nicht ohne Reibereien gelingen.

*Verschie-
denartig-
keit*

In Freundschaften und Geschäftsbeziehungen kommt auch hier die Motivation, die schwierige Anfangsphase meistern zu wollen, häufig aus der bewußten oder unbewußten Einsicht, daß sich die »Investition« für beide Seiten früher oder später lohnen wird. In Liebesbeziehungen ist es oft eine außergewöhnlich starke erotische Anziehung, welche die großen Temperamentsunterschiede vergessen läßt sowie vielen Auseinandersetzungen die

Spitze nimmt. In Verbindungen, die diese Phase heil überstehen, haben beide Beteiligten gelernt, den anderen so zu nehmen, wie er ist, und die völlig unterschiedliche Persönlichkeit des Partners als Bereicherung und nicht als Manko aufzufassen. Dort, wo sie ein gemeinsames Lebenskonzept aufgebaut haben, ziehen sie an einem Strang, und kaum jemand hat noch eine Chance, einen Keil zwischen die beiden zu treiben; dafür haben sie sich die gemeinsame Basis zu hart erarbeitet. Bei Themen hingegen, bei denen die Persönlichkeits- und Temperamentsunterschiede unüberbrückbar sind, läßt man sich gegenseitig so viel Freiraum, daß keiner den anderen behindert.

Gemeinsame Basis

Auch Wassermann-Jungfrau-Verbindungen sind also keine Partnerschaften, die so ohne weiteres auf Anhieb problemlos »funktionieren«. Dafür sind sie für die Persönlichkeitsentwicklung der Beteiligten um so nützlicher. Und ohne Herausforderungen gibt es nun einmal kein seelisches Wachstum.

$$\approx\ -\ \underline{\frown}$$

Wassermann – Waage

Dies ist – ebenso wie etwa die Wassermann-Widder-Partnerschaft – eine der interessantesten und vielversprechendsten Verbindungen zwischen zwei Tierkreiszeichen. Waage und Wassermann sind verschieden genug, um nicht miteinander zu konkurrieren, und einander doch so ähnlich, um hervorragend zusammenzupassen.

Interessante Verbindung

Was einen Wassermann an einer Waage fasziniert, ist ihr Charme, die Leichtigkeit, mit der sie mit anderen Menschen umgehen kann, und ihr Bedürfnis, in allen Lebenslagen immer beide Seiten zu sehen. Die Waage schätzt am Wassermann wiederum das Außergewöhnliche, Exotische und Exzentrische. Für sie – wie für einige andere Tierkreiszeichen auch – ist der Wassermann wie ein Paradiesvogel in einer ansonsten grauen Alltagswelt. Die Waage bewundert die Fähigkeit des Wassermanns, sich gesellschaftlichen Konventionen zu entziehen, und sie ist fasziniert von seinem Mut zum eigenen Stil. Wassermänner haben keine Angst, aufzufallen oder anzuecken, ja sie provozieren solche Reaktionen manchmal regelrecht, was für eine Waage unvorstellbar wäre.

Freiheiten

In Partnerschaften, die auf Dauer angelegt sein sollen, ist es selten ein Problem, daß sich beide genügend Freiheiten einräumen. Eine größere Schwierigkeit ist es, die Angst vor Nähe zu überwinden und sich ohne Wenn und Aber auf den anderen einzulassen. Hier tun sich beide schwer, und so kann es relativ lange dauern, bis aus einer lockeren Beziehung eine ernsthafte Partnerschaft wird. Manche erfolgversprechende Beziehung ist schon daran gescheitert, daß beide zu lange zögerten, sich ihre Gefühle einzugestehen – nicht zuletzt auch aus der Angst heraus, daß aus einer guten Freundschaft eine schlechte Partnerschaft wird. Paare mit dieser Konstellation sollten deshalb beizeiten prüfen, ob und wie sehr sie sich aufeinander einlassen wollen. Sonst besteht die Gefahr, daß eine vielversprechende Partnerschaft einfach im Sande verläuft.

≈ – ♏

Wassermann – Skorpion

In den meisten Astrologiebüchern wird auch diese Verbindung als problematisch angesehen und als hoffnungslos zum Scheitern verurteilt. Wiederum ist dem glücklicherweise mitnichten so. Denn beide Zeichen können sich unter bestimmten Voraussetzungen hervorragend *Ergänzung* ergänzen, auch wenn ihre Temperamente kaum unterschiedlicher sein können.

Der Wassermann mag zum voreiligen Handeln neigen, während der Skorpion – wie die Jungfrau – vielleicht allzu vorsichtig oder gar zögerlich an die Dinge herangeht. Doch können beide viel voneinander lernen: Der Skorpion kann dem Wassermann – ähnlich etwa auch dem Stier – vermitteln, wie man sein Leben möglichst effektiv organisiert und plant. Er weiß, wie man sein Geld am besten anlegt, wie man sein Haus am besten instand hält und welche Weinsorten am besten schmeckt.

Der Wassermann hingegen kann dem Skorpion ein Vorbild sein, wenn es darum geht, *Vorbild* sich von den Schatten der Vergangenheit zu lösen und voller Energie einen Neuanfang zu wagen. Er kann zeigen, wie man intuitiv mit leichter Hand unerwartete Probleme meistert, denen der Skorpion wie gelähmt gegenüberstände. Auch in persönlichen Auseinandersetzungen kann der Skorpion – wie viele andere Tierkreiszeichen – vom Wassermann lernen, kann dieser doch nur »dichtmachen« oder den Ort des Geschehens tief gekränkt verlassen, wenn sich jemand ihm gegenüber beleidigend oder unverschämt verhält. Der Wassermann hätte den anderen bereits mit einer schnippischen Bemerkung der allgemeinen Lächerlichkeit anheimgegeben, während der Skorpion noch darüber nachsinnt, ob er handgreiflich werden oder besser das Feld räumen soll.

$$\approx\!\!\approx\ -\ \nearrow$$

Wassermann – Schütze

Dies ist eine besonders interessante Kombination. Schütze und Wassermann sind sich in vielen Punkten ähnlich. So sind zum Beispiel beide *Ähnlich-* sehr zukunftsorientiert, optimistisch und eher *keiten* extravertiert. Ein Schütze und ein Wassermann, die ihre gemeinsame Freizeit am liebsten daheim vor dem Fernseher verbringen, sind sicherlich die ungewöhnliche Ausnahme. Mit ihrer ausgeprägten Unternehmungslust dürfte es ihnen in den eigenen vier Wänden schnell zu eng werden. Partys, Seminare, geselliges Zusammensein mit Freunden sowie Reisen sind für sie die geeigneten gemeinsamen Aktivitäten.

Starke Beide sind sehr starke Persönlichkeiten, und *Persönlich-* ihnen ist am besten gedient, wenn sie so bald *keiten* wie möglich begreifen, daß es keinem gelingen wird, seinen Dickschädel auf Kosten des anderen durchzusetzen. Die wenigen Schützen, die versuchen, einen Wassermann herumzukommandieren, geben dieses zum Scheitern verurteilte Vorhaben bald wieder auf. Wassermänner sind Individualisten mit einer angeborenen Abneigung gegen jede Form der Bevormundung. Je schneller der Schütze-Partner das einsieht, um so besser ist dies für beide.

Die stärkste Seite des Schützen in einer
solchen Verbindung ist seine ausgeprägte Fähigkeit zur Toleranz. Wassermänner sind nur   *Toleranz*
selten unkomplizierte Wesen. In den meisten
Fällen sind sie eher schwierig, da sie zu exzentrischen Ansichten und Verhaltensweisen
neigen. Die meisten haben damit gerade in
einer Beziehung Schwierigkeiten, und in der
Tat sind es die Schrullen des Wassermanns,
die viele seiner diesbezüglichen Anstrengungen scheitern lassen, weil sie seinen Partner
schlichtweg überfordern. Nicht so beim
Schützen: Er findet diese Eigenheiten interessant, und er wird mit dem Wassermann darüber diskutieren wollen.

Schützen halten in Beziehungen grundsätzlich nichts von raffinierten Manipulationen –
was einer nicht freiwillig tut, soll er eben lassen. Diese Toleranz macht den Wassermann
umgänglicher und eher dazu bereit, auf die
Bedürfnisse anderer einzugehen, als es irgend-
eine Form von Druck vermag. Der Schütze
schätzt am Wassermann wiederum das Außergewöhnliche und Exotische. Auch für ihn ist
der Wassermann wie ein Paradiesvogel in
einer ansonsten eher grauen Alltagswelt. Das
hat er mit anderen Partnern des Wassermanns
gemeinsam. Der Schütze bewundert die Fähig-   *Bewunde-*
keit des Wassermanns, sich gesellschaftlichen   *rung*
Konventionen zu entziehen, und er ist fasziniert von dessen Mut zum eigenen Stil. So verbinden auch diese verschiedenen Charaktere
schon zwei Dinge: die Abneigung gegen jede
Form von Anpassung und Unterdrückung und
der Mut, auch gegen äußeren Widerstand seinen eigenen Weg zu gehen.

In Partnerschaften, die auf Dauer angelegt sein sollen, ist es selten ein Problem, daß sich beide genügend Freiheiten einräumen; dies ist für zwei so eigenständige Naturelle eines der leichtesten Übungen. Wie bei manchen anderen Verbindungen des Wassermanns ist es auch hier eine größere Schwierigkeit, die Angst vor Nähe zu überwinden und sich ohne Wenn und Aber auf den anderen einzulassen. Das fällt beiden nicht leicht, und selbst in einer langjährigen Beziehung kann zwischen ihnen eine merkwürdige Form von Oberflächlichkeit herrschen, die verhindert, daß sich Schütze und Wassermann wirklich und intensiv kennenlernen. Wird diese Hürde nicht überwunden, besteht die Gefahr, daß man sich auseinanderlebt, ohne es richtig zu bemerken. Wenn das Problem schließlich offenkundig wird, ist es dann oft schon zu spät, man ist sich zu fremd geworden, um diesen Graben noch überbrücken zu können. In Wahrheit war man sich einfach niemals so nahe, daß man in Zeiten der Not darauf zurückgreifen könnte. Es hat eine gewisse Tragik, wenn Paare, die sich nach vielen Jahren Beziehung trennen, feststellen müssen, daß sie sich eigentlich niemals wirklich kennengelernt haben.

Oberfläch-lichkeit

Fehlende Nähe

Jede Medaille hat zwei Seiten. Bei Tierkreiszeichen, die problemlos miteinander harmonieren, ist die Kehrseite die, daß man vergißt, eine wirklich persönliche und tragfähige Bindung aufzubauen, weil doch alles problemlos funktioniert. Erst in Krisenzeiten wird dann ersichtlich, wie »echt« eine Lebensgemeinschaft wirklich ist.

♒ – ♑

Wassermann – Steinbock

Obwohl beide Zeichen vom Saturn beherrscht werden (beim Wassermann ist es der Neben-herrscher), könnten sie kaum unterschiedli-cher sein. Nur selten ist das Sonnenzeichen selbst der wahre Grund für das gegenseitige Interesse. Sehr wahrscheinlich harmonieren andere Horoskopfaktoren, wie etwa das Mond-zeichen oder der Aszendent, miteinander und schaffen so einen Ausgleich.

Unter-schiede

In Freundschaften und Geschäftsbeziehun-gen kommt der Anreiz, die Temperamentshür-den nehmen zu wollen, wie bei mehreren Part-nerschaften des Wassermanns mit anderen Tierkreiszeichen häufig aus der bewußten oder unbewußten Einsicht, daß man wohl vonein-ander profitieren kann. Hier kommt es also eher zu sachlich orientierten Zweckbündnis-sen, in den Sympathien füreinander wird man – zumindest anfangs – eher zurückhaltend sein.

Zweck-bündnis

Der Wassermann neigt zum voreiligen und wenig überlegten Handeln, während der Stein-bock oft ein wenig zu vorsichtig an die Dinge herangeht. Hier können beide voneinander lernen: Der Steinbock kann dem Wassermann zeigen, wie man sein Leben möglichst effektiv organisiert und plant. Wenn beide als Team zusammenarbeiten, wird er derjenige sein, der mit beiden Beinen auf der Erde bleibt und genau prüft, welche Idee realisierbar ist und welche nicht. Der Wassermann hingegen kann den Steinbock inspirieren, risikofreudiger und zukunftsorientierter zu werden. Er kann zeigen, wie man mit Optimismus und Selbstvertrauen Probleme meistert, denen der Steinbock eher hilflos gegenüberstände.

Auch in persönlichen Auseinandersetzungen kann der Steinbock wie viele Vertreter anderer Tierkreiszeichen vom Wassermann lernen, vermag sich ersterer doch nur schlecht zu wehren, wenn sich jemand ihm gegenüber beleidigend oder unverschämt verhält. Der Wassermann hätte den Angriff wie gesagt schon längst mit einer schnippischen Bemerkung pariert, während der Steinbock noch darüber nachsinnt, wie er reagieren soll.

Lernmög-
lichkeiten

In echten Liebesbeziehungen mit Steinböcken ist es wie bei mehreren anderen Tierkreiszeichen-Verbindungen des Wassermanns meist eine starke und eigenartige erotische Anziehung, welche die großen Temperamentsunterschiede bald vergessen läßt und Auseinandersetzungen die Spitze nimmt. Im Intimleben kann es zu einer fast schon magischen Harmonie kommen, die in seltsamem Gegensatz zu den ansonsten sehr unterschiedlichen Persönlichkeiten steht. Die Wassermann-Steinbock-Paare, denen es gelingt, eine echte Lebensgemeinschaft aufzubauen, schöpfen daher meist aus ihrer erfüllten Sexualität die Kraft, auch im Alltag zueinanderzufinden und gemeinsame Interessen zu entwickeln. Dies ist häufig kein leichter Prozeß, der oft Jahre in Anspruch nimmt. Über Langeweile werden sich die beiden allerdings kaum zu beklagen haben. Bei Themen hingegen, bei denen die Persönlichkeits- und Temperamentsunterschiede unüberbrückbar sind, lernt man auch hier gegenseitige Toleranz.

Erotische
Anziehung

≈≈≈ — ≈≈≈

Wassermann – Wassermann

Bei allen Beziehungen, die demselben Tierkreiszeichen angehören, ergeben sich die gleichen, nur scheinbar widersprüchlichen Regeln. Zum einen gilt natürlich das Sprichwort
»Gleich und gleich gesellt sich gern«. Allerdings ist dies eher für freundschaftliche Ver- *Freund-*
bindungen als unbedingt für Liebesbeziehun- *schaft*
gen gültig. Schließlich sucht man im Partner
weniger den Spiegel seiner selbst als vielmehr
die Ergänzung. Sich selbst meint man ja mehr
oder weniger zu kennen, aber das Gegenstück
zum eigenen Charakter übt immer einen besonderen Reiz aus.

Ähnlichkeiten im Wesen und im Verhalten *Ähnlich-*
sind sicherlich eine große Hilfe, um Mißver- *keiten*
ständnisse zu vermeiden, doch tragen sie nicht
unbedingt zu einer Steigerung der gegenseitigen Toleranz bei. Menschen neigen in vielen Situationen dazu, für die eigenen Schwächen bei
anderen weniger Verständnis aufzubringen als
für Schwierigkeiten, mit denen sie selbst niemals zu kämpfen hatten. Der Logik nach sollte
es anders sein, schließlich scheint es nicht
vernünftig und ungerecht, dem Partner Un-
zulänglichkeiten vorzuwerfen, die man selbst
besitzt. Doch niemand läßt sich gern den Spiegel vorhalten, wenn er darin gerade unvorteil-
haft aussieht. Dies mag eine Erklärung sein.
Ein weiterer Gesichtspunkt ist die Abneigung
gegen Gewohnheiten, denen man selbst einmal
gefrönt hat. Man denke nur an das Verhalten
einiger ehemaliger Raucher, die um ein Vielfa-

ches intoleranter gegenüber Nochrauchern sein können als so manche, die niemals eine Zigarette angerührt haben. Natürlich ist es jedoch immer eine Frage des Entwicklungsniveaus, inwieweit man die eigenen Schwächen anderen zum Vorwurf macht. Im günstigen *Team* Falle können zwei Wassermänner ein Team sein, das sich blind versteht und gemeinsam alle Herausforderungen des Lebens meistert.

Falls Aszendent oder Mond nichts anderes aussagen, sind solche Partnerschaften nur selten besonders leidenschaftlich. Der Nachteil mag sein, daß ekstatische Höhepunkte rar sind oder gar nicht vorkommen. Dafür bleiben ihnen jedoch auch in aller Regel die Abgründe krankhafter Eifersucht und zermürbender Auseinandersetzungen erspart. Partnerschaften, die einige jahre lang gutgegangen sind, haben mehr Aussichten als die Verbindungen anderer Tierkreiszeichen, auch auf Dauer bestehen zu können.

$$\text{♒} - \text{♓}$$

Wassermann – Fische

Diese Naturelle sind sich – ähnlich wie etwa *Wesens-* Wassermann und Steinbock – so wesensfremd, *fremdheit* daß sie nur selten aufgrund ihrer Sonnenstellung zueinanderfinden werden. Wahrscheinlicher ist es auch hier so, daß andere Horoskopfaktoren miteinander harmonieren und einen Ausgleich schaffen, etwa das Mondzeichen oder der Aszendent.

In Freundschaften und Geschäftsbeziehungen kommt der Anreiz, die Temperaments-

hürden nehmen zu wollen, wie bei vielen Verbindungen des Wassermanns mit anderen
Tierkreiszeichen wieder häufig aus der bewußten oder unbewußten Einsicht, daß man
wohl voneinander profitieren kann. Es kommt
also eher zu sachlich orientierten Zweck-
bündnissen, in den Sympathien füreinander
wird man – zumindest anfangs – eher zurückhaltend sein.

*Zweck-
bündnis*

Der Wassermann neigt wie gesagt zum vorschnellen und wenig überlegten Handeln,
während die Fische meist Entscheidungs-
schwierigkeiten haben. Beide übertreiben also
in gegensätzliche Richtungen. Wenn sie sich
gemeinsam bemühen, kann es gelingen, daß
der Fisch etwas entschlußfreudiger wird und
der Wassermann ein wenig gründlicher überlegt, bevor er handelt.

Der Wassermann kann den Fisch inspirieren, risikofreudiger und zukunftsorientierter
zu werden. Er kann zeigen, wie man mit Optimismus und Selbstvertrauen Probleme meistert, statt sich in eine Traumwelt zu flüchten.

*Unter-
schiede*

In persönlichen Streitigkeiten kann der
Fisch dem Wassermann beibringen, wie man
Angriffe und Beleidigungen so gelassen an sich
abperlen läßt, daß schließlich der Angreifer
wie ein begossener Pudel dasteht. Der Wassermann hat Angst vor tiefen Gefühlen, während
der Fisch in Beziehungen gar nichts anderes
kennt. Umgekehrt kann sich der Fisch vom
Wassermann eine Scheibe abschneiden, was
die Fähigkeit zu Sachlichkeit und Logik angeht.

In echten Liebesbeziehungen ist es auch
hier wieder meist eine starke und eigenartige

Erotische
Anziehung

erotische Anziehung, welche die großen Temperamentsunterschiede vergessen läßt und den meisten Auseinandersetzungen die Spitze nimmt. Im Intimleben kann es zu einer fast schon magischen Harmonie kommen, welche in seltsamem Gegensatz zu den ansonsten völlig unterschiedlichen Persönlichkeiten steht. Auch Wassermann-Fische-Paare, denen es gelingt, eine echte Lebensgemeinschaft aufzubauen, schöpfen daher meist aus ihrer erfüllten Sexualität die Kraft, im Alltag ebenso zueinanderzufinden und gemeinsame Interessen zu entwickeln.

Dies ist wie gesagt häufig kein leichter Prozeß, der oft Jahre in Anspruch nimmt. Über Langeweile werden sich diese beiden allerdings kaum zu beklagen haben. Bei Themen hingegen, bei denen die Persönlichkeits- und Temperamentsunterschiede unüberbrückbar

Toleranz

sind, lernt man gegenseitige Toleranz.

Was sonst noch zum Wassermann paßt

In diesem Kapitel sind Entsprechungen des Wassermann-Prinzips – sogenannte Analogien – zusammengestellt. Darunter versteht man in diesem Zusammenhang Ähnlichkeiten und Verwandtschaften, die sich einem Tierkreiszeichen zuordnen lassen, ohne daß sie ursächlich, also kausal, miteinander verbunden wären.

Wie können diese Analogien praktisch genutzt werden? Wenn Sie selbst ein Wassermann sind und die positiven Eigenschaften Ihres Tierkreiszeichens fördern und betonen

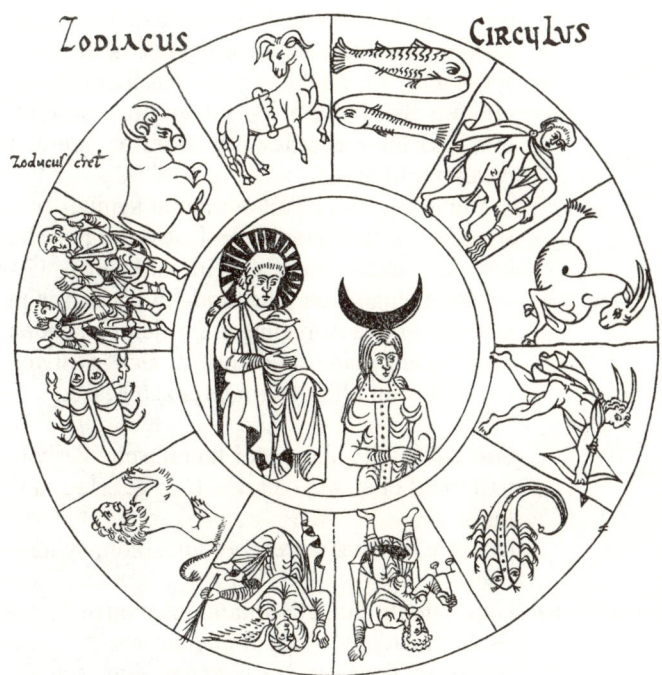

wollen, können Sie unter den im folgenden aufgeführten Entsprechungen diejenigen aussuchen, die Ihnen besonders zusagen, und sie in Ihr Leben einbeziehen.

Entsprechungen

So können Sie zum Beispiel bevorzugt Kleidung in den Farben tragen, die Ihrem Tierkreiszeichen entsprechen. Sie können das Essen mit Gewürzen verfeinern, in Ihren Garten die Pflanzen setzen, an Orte in den Urlaub fahren, die Hobbys oder Berufe wählen, die zu Ihrem Tierkreiszeichen passen, und so weiter. Obwohl es sich hier nur um eine allgemeine Typologie handelt, werden Sie bald erstaunliche Wirkungen feststellen: Sie finden immer mehr zu sich selbst und entwickeln ein immer genaueres Gespür dafür, was zu Ihnen paßt, was Ihnen guttut und was Sie eher meiden sollten. Ihre Gesundheit und Ihr seelisches Gleichgewicht werden davon profitieren.

Selbstfindung

Wenn Sie einen Wassermann kennen und schätzen, kann Ihnen diese Liste zum Beispiel bei der Suche nach einem passenden Geschenk helfen. Wenn Ihr Kind ein Wassermann ist, können Sie Anregungen für den passenden Sportverein finden und so fort. Der kreativen Phantasie sind hier kaum Grenzen gesetzt.

Farben: kühle, klare oder metallische Farben, irisierend oder wie elektrisch aufgeladen; Eisblau.

Geruch: flüchtig, anregend; künstlich, synthetisch.

Geschmack

Geschmack: ungewöhnlich, eigenartig, exotisch; künstlich (»Mikrowellenaroma«).

Signatur (Form und Gestalt): exzentrisch, futuristisch, ungewöhnlich, surreal, abstrakt; ohne Zentrum, ohne Mitte, zentrifugal; Zickzack- oder Wellenlinien.

Pflanzen allgemein: bizarre Pflanzen (Strelizie); Pflanzen, die in die Höhe wachsen, vom Boden wegstreben oder Luftwurzeln bilden; alle Neuzüchtungen sowie genmanipulierte Pflanzen.

Bäume, Sträucher: hochwachsende, schlanke Formen; Lärche, Kiefer, Bambus.

Gemüse, Obst: Chicorée, Brotfrucht, Kiwi.

Blumen: Strelizie, Orchideen; alle pinkfarbenen Blumen.

Gewürze: Kapern, Bittermandel.

Heilpflanzen: Hopfen, Johanniskraut, Engelwurz, Steinklee, Storchenschnabel.

Tiere: Vögel; Giraffe, Känguruh, Zebra; Afghane, Windhund, Pekinese, Rehpinscher; Schmetterling, Libelle; Eisvogel, Storch, Strauß, Emu, Flamingo, Huhn, Fasan, Bachstelze, Papagei, Kolibri, Truthahn; Kugelfisch, Zitteraal. *Tiere*

Materialien: synthetische Materialien, Plastik; Glas, Asbest.

Mineralien, Metalle: Aquamarin, Uraninit, Bauxit, Rhodonit, Türkis; Aluminium, Zink.

Landschaften: Hochebenen; bizarre, eher gebirgige Landschaften, »Skylines«.

Berufe: alle Berufe, die die Möglichkeit bieten, eine Sonderstellung einzunehmen, und die Raum für Individualismus bieten; Berufe, die sich mit unkonventionellen, ungewöhnlichen oder zukunftsorientierten Themen befassen; Berufe, die die Fähigkeit verlangen, Zukunftstendenzen zu erspüren, solche, die Originalität, Organisationstalent und den Einsatz des Intellekts voraussetzen; Berufe, die Teamarbeit erfordern, die aber ein gewisses Maß an Freiheit und Unabhängigkeit garantieren; Berufe mit idealistischer Zielsetzung (der Beitrag zur Verbesserung der Welt); technische Berufe (Ingenieur, Computerfachmann, Techniker, Radio- oder Elektronik- bzw. Elektrofachmann; Informatiker; Flugzeugtechniker, Erfinder); Pilot, Stewardeß, Astronaut; Funker; Konstrukteur; Berufe im Verlagswesen und bei der Presse; Karikaturist; Varietékünstler; Filmregisseur; Astrologe; Neurologe, Psychiater; Wirtschaftstheoretiker; Sozialarbeiter; Städteplaner. *Berufe*

Hobbys, Sportarten: Computerspiele, elektronische Spiele; Fliegen, Modellflugzeuge, Dra- *Hobbys* chenfliegen; Zirkus, avantgardistische Kunst, Science-fiction, absurdes Theater (alle Verfremdungseffekte).

Verkehrsmittel: Flugzeug, Hochbahn, Hochgeschwindigkeitszüge.

Wohnstil *Wohnstil:* originelle bis skurrile Dekoration, moderne oder futuristische Gegenstände; hohe Decken, viel Licht, Luft und Raum.

Wochentag: Samstag (englisch *Saturday* = »Tag des Saturn«).

Gesellschaftsform: der Sozialstaat; Gesellschaft in Epochen mit Tendenz zu Sozialisierung und Gleichheit der Rechte; die technokratische Gesellschaft, die Demokratie.

Entsprechungen auf der Ebene des menschlichen Körpers: Zentralnervensystem, Neurotransmitter; Unterschenkel, Waden, Knöchel, Sprunggelenke; Hirnhaut, Rückenmark, Hypophyse.

Krank- *Krankheiten allgemein:* Nervenleiden, Rhyth-
heiten musstörungen, Spasmen, Krämpfe, Rücken- und Rückenmarksleiden; Knochenbrüche, Unfälle; Koliken (Wehen); allgemein jede Unterbrechung der Kontinuität im Ablauf der Körperfunktionen, Epilepsie.

Zahlen: die 8 und ihre Vielfachen (nach dem neuen Herrscher Uranus wäre es die 11).

Ein typisches Wassermann-Märchen:
Prinz Dschanschach und die drei Tauben

Im Land Kabul herrschte einmal ein mächtiger König, der hieß Tighmus. Doch es bedrückte ihn sehr, daß es niemanden gab, der sein gewaltiges Reich hätte erben können. Deshalb rief er seine Sterndeuter zu sich und bat sie zu erforschen, ob ihm ein Sohn geboren werde.

Die Sterndeuter untersuchten den Stand der Gestirne: »Euch wird ein Sohn geboren, o Herr«, weissagten sie, »jedoch nur, wenn Ihr die Prinzessin von Chorasan zur Gemahlin gewinnt.«

Da sandte der König seinen Großwesir mit vielen wunderbaren Geschenken nach Chorasan, der sollte für seinen Herrn um die Hand der Prinzessin werben. Der König von Chorasan war gern bereit, seine Tochter mit einem so großen Fürsten zu vermählen, und die Hochzeit wurde alsbald mit großer Pracht gefeiert.

Nach einem Jahr schenkte die Königin einem schönen Knaben das Leben. Voll Freude und Stolz betrachtete König Tighmus das Kind. Nun wollte er doch wissen, ob es dazu bestimmt war, über sein Reich zu herrschen. Er rief erneut seine Sterndeuter und fragte sie nach dem Schicksal des Kindes.

»O Herr«, sagten diese, »wenn der Prinz fünfzehn Jahre alt ist, droht ihm eine große Gefahr. Doch sorgt Euch nicht, er wird diese Gefahr überwinden, und fortan wird ihm nur Gutes widerfahren. Alle seine Feinde werden zugrunde gehen, und wird der mächtigste Fürst seiner Zeit sein.«

Der König war sehr froh über diese Weissagung. Er nannte den Prinzen Dschanschach, und während dieser heranwuchs, ließ er ihn in allen Künsten unterweisen, über die ein Prinz verfügen sollte. Er lernte reiten, jagen, fechten und die Lanze schwingen und wurde ein großer Held, dessen Ruhm weit über die Grenzen des Landes Kabul hinaus bekannt wurde.

Eines Tages zog der König wie so oft mit seinem Gefolge hinaus auf die Jagd, und Prinz Dschanschach ritt mit ihnen. Sie hatten schon allerlei Wild erlegt, da sah der Prinz eine wunderschöne Gazelle, die wollte er sich nicht entgehen lassen. Er jagte ihr nach, doch sie war so schnell, daß er sie nicht erlegen konnte, und ohne es zu bemerken, entfernte er sich immer weiter von der Jagdgesellschaft. Leichtfüßig sprang die Gazelle dahin, und der Prinz setzte ihr nach, bis sie schließlich an das Meeresufer kamen. Schon glaubte der Prinz, sie könne ihm nun nicht mehr entrinnen, doch die Gazelle warf sich in das Wasser und schwamm davon. Dschanschach sah sich um. Er war fest entschlossen, nicht von dem schönen Tier abzulassen. Ohne nachzudenken, sprang er von seinem Pferd und folgte der Gazelle in einem Fischerboot, das am Strand lag. Sie gelangten zu einer großen Insel, dort verschwand sie im Gebüsch. Der Prinz suchte überall, aber er konnte sie nirgends entdecken. Sie war wie vom Erdboden verschluckt.

Er irrte umher, bis die Nacht hereinbrach. Da machte er sich ein Nachtlager zurecht, denn er war sehr müde. Als die Sonne aufging, setzte er seine Suche fort, und wieder war von dem Tier keine Spur zu entdecken. Schließlich entschloß er sich schweren Herzens, nach Hause zurückzukehren. Als er ans Ufer kam, sah er das Boot weit draußen auf dem Meer treiben, so weit, daß er es nicht erreichen konnte. »Das ist ein schlimmes Abenteuer«, sagte der Prinz zu sich, »nun bin ich hier gefangen.« Er machte sich wieder auf den Weg und wanderte über die Insel. Keine Menschenseele war weit und breit zu sehen. Nahrung fand er genug, denn es gab Früchte an den Bäumen und genug Wild, das er erlegen konnte. Sehnsüchtig dachte er an seine Heimat. Es schien, als solle er den Rest seines Lebens auf dieser einsamen Insel zubringen.

Eines Tages, als er ein wildes Tier erlegt hatte und zu ihm eilen wollte, schoß ein riesiger Vogel herab, packte es mit seinen Krallen und flog davon. Der Prinz sah dem Vogel nach, wie er so über das Meer hinwegflog, und er ersann einen kühnen Plan: »Das nächste Wild, das ich erjage, werde ich ausweiden und dann in seine Haut schlüpfen. Vielleicht wird der Vogel wiederkommen und mich über das Meer tragen!«

Das tat er, und tatsächlich kam der Vogel herangeflogen, packte die Tierhaut, in der der Prinz verborgen war, und trug diesen so über das Meer bis zu einem hohen Berg. Dort setzte er seine Beute ab und wollte sie fressen. Eilends schlüpfte der Prinz aus der Tierhaut heraus. Der Vogel erschrak und flog davon.

Dschanschach streckte und reckte sich und sah sich um, da wurde ihm ganz mutlos ums Herz. Auf allen Seiten umschlossen ihn steile Bergkämme, und er mußte lange suchen, bis er einen mühseligen Abstieg fand. Er wanderte und wanderte, und keine Menschenseele war zu erblicken. Schließlich kam er an eine Schlucht, aus der entsprang ein klarer Quell. Er wanderte den Bach entlang und kam in ein wunderschönes, blühendes Tal, in dem die Vögel sangen und köstliche Früchte wuchsen, so daß er seinen Hunger stillen konnte. Plötzlich sah er in der Ferne eine mächtige Burg aufragen. Er ging darauf zu. Ein alter Mann saß davor, der hatte einen langen, weißen Bart, und sein Gesicht war mit unzähligen Runzeln bedeckt.

»Wie kommst du hierher, wo noch nie ein Mensch gewesen ist?« fragte er den Prinzen erstaunt.

Prinz Dschanschach berichtete von seinen Erlebnissen und Irrfahrten. »Ich bitte dich, gewähre mir deine Gastfreundschaft für eine Weile«, sagte er zu dem Alten.

»Ich will dich gern bei mir aufnehmen«, erwiderte der Greis. »Ich bin der Herr dieser Burg, Sultan Nasr, und ich herrsche über alle Vögel. Ich werde dir auch helfen, daß du in deine Heimat zurückkommst.«

Der Prinz blieb bei dem Alten, und der schloß ihn in sein Herz, als sei er sein eigener Sohn. Er ließ es dem Prinzen an nichts fehlen. Nach einigen Wochen sagte der Sultan: »Leb wohl, mein lieber Prinz. Ich muß für einige Tage fort, um meine Untertanen, die Vögel, zu empfangen. Hier sind die Schlüssel zu meiner Burg. Schau dir alles an, was dir gefällt, nur das Turmgemach dort darfst du nicht aufsperren, sonst wird es dir schlimm ergehen! Wenn ich zurückkomme, werde ich dir, wie ich es versprochen habe, einen Diener bringen, der dich in deine Heimat bringen wird.«

Als der Alte die Burg verlassen hatte, nahm der Prinz Dschanschach die Schlüssel und schloß ein Zimmer nach dem anderen auf, und jedes war prachtvoller als das vorherige. Schließlich kam er auch zu der verbotenen Tür. Sie war reich verziert und hatte ein Schloß aus Gold. »Dieses Gemach muß noch viel prächtiger sein als alle anderen«, dachte der Prinz, »warum wohl will der Sultan nicht, daß ich es betrete? Ich will es doch wagen hineinzugehen, was auch immer mir dann widerfahren mag.«

Er öffnete die Tür, und da lag ein wunderschöner Garten vor ihm. Vögel sangen, die Bäume trugen goldene Blätter, und ein schwerer, süßer Duft lag über allem. In der Mitte des Gartens war ein großer Teich, in dem plätscherte ein Springbrunnen mit glockenhellem Ton.

Reglos stand der Prinz da und wagte kaum zu atmen, von so unglaublicher Schönheit war die Natur. Da flogen drei große Tauben heran und ließen sich am Rande des Teichs nieder. Sie legten ihr schneeweißes Gefieder ab und wurden zu schönen Mädchen. Sie spielten und scherzten miteinander und schwammen in dem Teich. Die Jüngste aber war die Schönste von den dreien, und ihr strahlendes Antlitz bezauberte den Prinzen so sehr, daß er sie immer nur anschauen mußte. Die Zeit verging, ohne daß er es bemerkte, und die Liebe in seinem Herzen wurde immer größer. Da stiegen die Mädchen aus dem Wasser, hüllten sich in ihre Federkleider und flogen davon.

Der Prinz versank in Trauer, und der wunderschöne paradiesische Garten schien auf einmal öd und leer. Während er noch so voller trüber Gedanken dastand, trat plötzlich der Sultan hinter ihn. Er war zurückgekehrt und wollte dem

Prinzen die frohe Botschaft bringen, daß ein Diener auf ihn warte, um ihn nach Hause zu tragen. Da er ihn nicht finden konnte, ahnte er nichts Gutes und ging zu der verbotenen Kammer.

»Habe ich dir nicht gesagt, daß du diese Tür nicht öffnen sollst?« sagte er und runzelte die Stirn.

»Ach, hätte ich nur auf dich gehört, Herr!« sagte der Prinz niedergeschlagen.

»Was hast du denn erlebt, das dich so bedrückt?« fragte der Sultan.

»Ich habe das schönste Mädchen gesehen, das unter der Sonne wandelt, und es ist entschwunden, noch ehe ich es für mich gewinnen konnte«, erwiderte der Prinz, und seine Augen füllten sich mit Tränen. »Als ich diesen Garten betrat, kamen plötzlich drei große Tauben geflogen. Sie legten das Gefieder ab und wurden zu drei wunderschönen Mädchen, die spielten und badeten im Teich. Ich sah ihnen zu, doch seither kann ich an nichts anderes mehr denken als an die Jüngste von ihnen und wie ich sie zum Weib gewinnen kann.«

Der Alte sah den Prinzen freundlich an. »Komm mit mir. Im Schloß wartet einer meiner Diener, ein großer Vogel, auf dich. Er wird dich zum Reich deines Vaters tragen. Denke nicht mehr an dieses Mädchen, das du doch nicht erringen kannst!«

»Ach, Herr«, antwortete der Prinz voll Trauer, »so gern ich nach Hause zurückkehren möchte, ich kann doch nicht von hier fort, denn mir ist, als müsse ich sterben, wenn ich das Mädchen nicht wiedersehen kann. Weißt du nicht einen Rat?«

Der Alte schüttelte den Kopf. »Ich kann dir nicht helfen, denn ich kenne diese Mädchen nicht, und sie gehören auch nicht zu meinen Untertanen, denn sie sind keine richtigen Vögel. Doch sie werden wohl wiederkehren, um sich an dem Garten zu erfreuen; und wenn du dann der Jüngsten ihr Federkleid wegnimmst, kann sie nicht mehr heimkehren und muß dir folgen. Gib aber gut acht auf das Gewand, denn wenn sie es zurückbekommt, wird sie fortfliegen, und du siehst sie nie wieder.«

Nun wartete der Prinz Tag für Tag in dem Garten, und schon wollte er alle Hoffnung aufgeben, da sah er die drei Tauben heranfliegen. Sie ließen sich am Teich nieder und warfen ihre Gefieder ab. Die Älteste jedoch schaute sich um und sagte besorgt: »Mir ist, als ob uns jemand belauscht!«

»Aber nein«, sagte die Mittlere der drei, »wer sollte denn hier sein? Seit Tausenden von Jahren war niemand in diesem Garten außer uns.«

»Und wenn schon jemand da ist«, lachte die Jüngste übermütig, »so hat er es bestimmt auf mich abgesehen und läßt euch zufrieden!«

Fröhlich sprangen sie in den Teich. Da schlich Dschanschach ganz leise ans Ufer, nahm das Federkleid der Jüngsten an sich und kehrte zurück zu seinem Versteck hinter einem großen Baum.

Nach einer Weile kamen die Schwestern aus dem Wasser, und die beiden Älteren schlüpften in ihr Federkleid. Die Jüngste aber rief erschrocken: »Ach, liebe Schwestern, wißt ihr nicht, wo mein Gewand ist? Ich habe es hierher auf diesen Stein gelegt, und nun ist es verschwunden!«

Alle drei begannen zu suchen, aber sosehr sie sich auch bemühten, sie fanden es nicht. Die Jüngste war voller Verzweiflung, und die Schwestern wußten nicht, wie sie sie trösten sollten. Da es Abend wurde, mußten sie jedoch nach Hause zurückkehren, denn der Weg war weit und führte über das Meer. Sie umarmten und küßten ihre Schwester und machten sich auf. Prinz Dschanschach sah ihnen nach, bis sie verschwunden waren. Dann trat er vor die Jüngste hin.

»Fürchte dich nicht, edle Herrin«, sagte er zu dem erschrockenen Mädchen, das bitterlich weinte. Dann erzählte er ihr seine Geschichte. Sie aber flehte und bat, er möge ihr doch ihr Federkleid wiedergeben. Dschanschach blieb jedoch fest, denn er wollte sie nicht wieder verlieren. Er hüllte sie in seinen Mantel und führte sie zu Sultan Nasr. Dieser hieß sie willkommen und ließ ihr die herrlichsten Kleider bringen. Dann wurde die Hochzeit mit aller Pracht gefeiert, und der Prinz bekam Schamsa, deren Name »Sonne« bedeutet, zu seiner Gemahlin.

Die Zeit verging, und es nahte wieder der Tag, an dem der Sultan seine Untertanen, die Vögel, empfing. Nun suchte er einen großen Vogel aus, der den Prinzen und seine Gemahlin in das Land Kabul tragen sollte.

»Leb wohl, mein Sohn«, sagte der Alte. »Sei glücklich, aber hüte dich, daß deine Gemahlin niemals ihr Federkleid finden möge!«

Der Prinz und seine Gemahlin bestiegen den Rücken des Riesenvogels. Als sie in Kabul ankamen, befahl König Tighmus, die frohe Botschaft der Rückkehr seines Sohnes mit Trommelwirbeln in der ganzen Stadt zu verkünden. Er ließ ein herrliches Schloß für das Paar erbauen, in dem es glücklich leben sollte.

Prinz Dschanschach hatte das Federkleid die ganze Zeit in seinem Gewand wohl verwahrt. Nun befahl er, eine Truhe aus weißem Marmor zu meißeln, darin verbarg er das Federkleid und ließ das Behältnis unter dem Schloß vergraben. Kaum hatte Schamsa jedoch das Schloß betreten, nahm sie den feinen Duft ihres Kleides war. Aber sie sagte kein Wort. In der Nacht, als Dschanschach in tiefem Schlaf lag, grub sie, bis sie die Truhe mit dem Kleid fand. Voll Glück strich sie über das weiße Gefieder, schlüpfte hinein und schwang sich in die Lüfte.

»Leb wohl, mein Gemahl«, rief sie. Der Prinz erwachte und erschrak zutiefst. Verzweifelt bat er sie, ihn nicht zu verlassen. Doch Schamsa erwiderte nur: »Wenn du mich wirklich liebst, komm zu mir in das Edelsteinschloß auf dem Kristallberg.« Dann flog sie davon.

Prinz Dschanschach hielt nun nichts mehr in seiner Heimat. Er machte sich auf den Weg, das Edelsteinschloß auf dem Kristallberg zu suchen. Er wanderte und wanderte, über Berg und Tal, durch Wüsten und Einöden, und überall fragte er, doch niemand konnte ihm helfen. Da fiel ihm Sultan Nasr ein. Vielleicht wußte er auch diesmal Rat. Er irrte lange umher, bis er zu der Stelle kam, an der die Gazelle im Meer verschwunden war. Wieder fand er dort ein Fischerboot, und wieder kam er zu der einsamen Insel. Er nähte sich in eine Tierhaut ein, wie durch ein Wunder kam der Riesenvogel geflogen und trug ihn zu dem hohen Berg, auf dem er sein Nest hatte. Nun kannte der Prinz den Weg.

Der Sultan hieß ihn freudig willkommen. »Sag, mein Sohn, warum bist du so traurig?« fragte er den Prinzen.

»Ich suche das Edelsteinschloß auf dem Kristallberg«, sagte der Prinz und berichtete, was geschehen war.

»Ich habe noch nie von diesem Schloß gehört«, erwiderte der Alte, »doch in einigen Tagen versammeln sich meine Untertanen, die Vögel, und ich will sie danach fragen. Sei unterdessen mein Gast.«

So blieb der Prinz in dem Schloß und verbrachte seine Tage in dem Garten, doch keine der Tauben ließ sich blicken.

Als die Vögel sich versammelten, fragte Dschanschach jeden von ihnen, doch keiner konnte ihm helfen. Da rief der Sultan einen seiner Vögel herbei, der sollte den Prinzen zu seinem älteren Bruder, Schach Badri, dem Herrn der wilden Tiere, tragen, denn vielleicht wußte dieser Rat. Doch auch er hatte noch nie von dem Schloß auf dem Kristallberg gehört. Er fragte ebenso alle seine Untertanen, denn gerade war die Zeit gekommen, zu der sie sich versammelten. Sie alle aber riefen: »Wir haben noch nie etwas von einem solchen Schloß gehört!«

Der Prinz wollte nun völlig verzweifeln, doch der Herr der wilden Tiere sprach: »Fasse Mut, lieber Prinz. Ich habe einen älteren Bruder, König Schamnach, der ist noch weiser und mächtiger als ich. Er ist der Herr der Geister. Gewiß kann er dir sagen, wo du das Edelsteinschloß findest.«

Er ließ den Prinzen auf ein Wunderroß aufsitzen, das flog so schnell dahin, daß seine Hufe kaum den Boden berührten. Als der Prinz bei dem König der Geister angekommen war, erzählte er seine Geschichte, doch auch dieser wußte nicht, wo das Schloß zu finden sei.

»Ich will meine Untertanen fragen«, sagte der König, »gerade ist die Zeit, zu der sie sich versammeln.«

Da kamen von allen Seiten seltsame Geisterwesen angeflogen, wie sie der Prinz noch nie gesehen hatte. Doch keiner wußte etwas zu sagen. Schon wollte der Prinz vollends verzweifeln, da kam noch ein kohlschwarzer Vogel angeflogen, der wußte den Weg.

»Meine Eltern haben dort Futter für uns Junge gesucht, als wir noch nicht flügge waren«, sagte er.

Da befahl der Herr der Geister dem Vogel, Prinz Dschanschach zum Kristallberg zu tragen. Über Länder und Meere, Berge und Täler ging die Reise. Auf einem hohen Berg setzte der Vogel ihn ab.

»Ich kann dich nicht weitertragen. Hinter diesem Berg kenne ich kein Land mehr«, sagte der Vogel. Todmüde schlief der Prinz ein, und als er erwachte, was sah er da in der Ferne glitzern? Es war der Kristallberg; er funkelte in der Sonne, und auf seinem Gipfel stand ein Schloß, das war aus lauter Edelsteinen erbaut. Der Prinz vergaß seine Müdigkeit und machte sich eilends auf den Weg. Doch als er am Fuß des Kristallbergs ankam, war dieser so glatt und steil, daß jeder Versuch, ihn zu erklimmen, zum Scheitern verurteilt war. In ferner Höhe stand unerreichbar das Edelsteinschloß. Er lief am Fuße des Berges entlang und suchte und suchte nach einem Weg hinauf, da traf er auf zwei Burschen, die stritten und prügelten sich, so daß sie aus vielen Wunden bluteten.

»He da, ihr zwei!« rief der Prinz und trennte sie. »Warum geht ihr so miteinander um?«

»Es trifft sich gut, daß du gekommen bist«, erwiderten die beiden. »Wir sind zwei Brüder und streiten um unser Erbe. Entscheide du, wer die Kappe und wer die Rute haben soll.«

»Seid ihr so närrisch, euch um solche Kleinigkeiten blutig zu schlagen? Sie sind doch nichts wert und überall zu haben«, wunderte sich der Prinz.

»Du weißt nichts von ihren geheimen Zauberkräften, Herr«, sagten die Burschen darauf. »Die Kappe macht jeden unsichtbar, der sie auf dem Kopf trägt. Doch die Rute macht jeden, der sie besitzt, zum mächtigsten Herrn der Welt. Er muß nur einen Wunsch aussprechen und mit der Rute auf den Boden schlagen, und dieser wird in Erfüllung gehen.«

Da dachte Dschanschach bei sich: Ihr könnt euch lange streiten. Diese beiden Dinge sind genau das, was ich brauche! Zu den beiden aber sagte er: »Ich will gern euer Schiedsrichter sein. Die Rute soll dem Tüchtigeren und Schnelleren gehören. Seht her, ich werfe diesen Stein weit fort. Wer ihn zurückbringt, soll die Rute haben. Der andere muß sich mit der Kappe bescheiden.«

Die Brüder waren es zufrieden. Der Prinz nahm einen Stein und warf ihn, so weit er nur konnte, und die beiden liefen um die Wette hinterher. Dschanschach aber setzte sich flugs die Kappe auf den Kopf und wünschte sich hinauf zum Schloß. Und schon war er dort oben! Da er die Kappe trug, konnte niemand ihn sehen. Er betrat die Halle und sah Schamsa und ihren Vater, den König, die miteinander sprachen.

»Es war nicht recht von dir, meine Tochter, deinen Gemahl zu verlassen«, sagte der König, »nie und nimmer kann ein Mensch den Weg hierher finden.«

»Wenn er mich liebt, wird er das Edelsteinschloß finden«, sagte die Prinzessin fest. »Wenn es ihm nicht gelingt, will ich ihn nicht zum Gemahl.«

Da nahm der Prinz die Tarnkappe ab. »Hier bin ich«, sagte er. Schamsa stieß einen Freudenschrei aus und umarmte ihn. Auch der König hieß ihn freundlich willkommen, denn der Prinz hatte sich die Hand seiner Tochter wahrlich verdient.

Der Prinz verbrachte eine Zeit mit seiner Gemahlin im Edelsteinschloß, und sie feierten ihr Wiedersehen mit rau-

schenden Festen. Dann aber wollte er zurückkehren in seine Heimat. Der König überhäufte das Paar mit reichen Geschenken und segnete es.

»Ich wünsche mir, mitsamt meiner Gemahlin bei meinem

Vater zu Hause zu sein!« rief der Prinz. Die Rute tat, wie ihr geheißen, und im Nu waren sie im Lande Kabul. Doch König Tighmus befand sich nicht in der Stadt, denn Feinde waren in das Land eingefallen, und es stand nicht gut. Schon hatten die Gegner den König und seine Mannen umzingelt, da eilte Prinz Dschanschach zu Hilfe. Er schwang die Rute und hieß sie alle Feinde vernichten.

Siegreich kehrten sie in die Hauptstadt zurück, und von nun an lebten der Prinz und seine Gemahlin in Zufriedenheit und Glück. Nach dem Tode seines Vaters wurde der Prinz König von Kabul. Die Rute ließ alle seine Wünsche in Erfüllung gehen, und kein Feind konnte ihn bezwingen. So wurde Dschanschach der mächtigste König seiner Zeit, wie es seinem Vater einst geweissagt worden war. Doch er wurde nicht nur der mächtigste, sondern auch der weiseste König, den das Land Kabul je gesehen hatte!

Aus: Elli Zenker-Starzacher: *Märchen aus Tausendundeiner Nacht.* Reutlingen o. J. Das Märchen ist gekürzt und umgeschrieben.

Prinz Dschanschach kann es nicht lassen: Da ist ein Verbot, und da ist eine Tür. Was wäre das Leben, wenn wir uns immer nur an Gesetze und Regeln hielten? Was wäre aus Dschanschach geworden, hätte er nicht die Tür geöffnet in dem unwiderstehlichen Drang, zu sehen, was sich dahinter verbirgt? Vielleicht hätte er nie die große Liebe getroffen, und sein Leben wäre einfacher, doch auch weniger spannend verlaufen. Wassermänner kennen diesen Antrieb, gerade das zu tun, was man lassen sollte, gerade das zu wollen, was sich entzieht. Sie wollen nicht den sprichwörtlichen »Spatz in der Hand«, sondern die »Taube auf dem Dach«. Das aber kostet seinen Preis. Deshalb leben Wassermänner in dem Gefühl, daß nichts umsonst ist, zumindest muß man das eine lassen, um das andere zu bekommen. In seiner festen Überzeugung, Prinzessin Schamsa sei die Frau seines Lebens, trägt der Prinz auch Züge des Skorpions, der nichts aufgibt, was er sich einmal in den Kopf gesetzt hat. Aus seinem Ungehorsam Scheich Nasr gegenüber entsteht sein Glück. Vielleicht sollten wir alle uns fragen, in welchen Fällen wir uns eher für eigene Interessen und gegen Verbote entscheiden könnten?

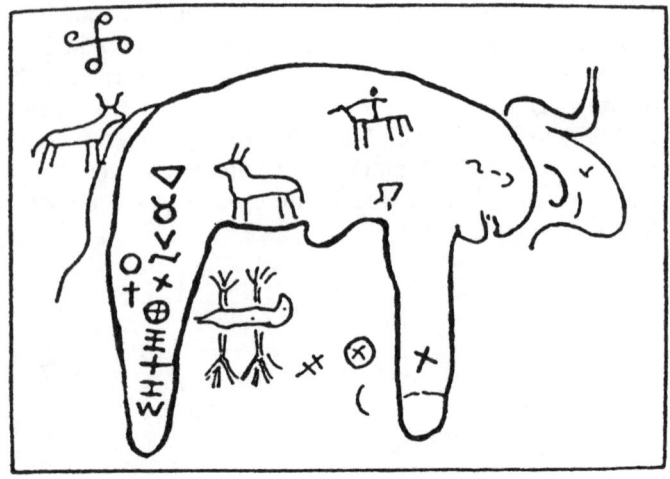

*Die älteste bekannte Darstellung der Tierkreiszeichen
(ca. 10 000 v. Chr.).
Aus: L. Frobenius, H. Obermaier: Hadschra Maktouba (Kurt Wolf-
Verlag, München).*

Anhang

Von wann bis wann ist man ein Wassermann?

Beginn des Wassermann-Zeichens

20.01.1921 um 14:55; 20.01.1922 um 20:48;
21.01.1923 um 02:35; 21.01.1924 um 08:28;
20.01.1925 um 14:20; 20.01.1926 um 20:13;
21.01.1927 um 02:12; 21.01.1928 um 07:57;
20.01.1929 um 13:42; 20.01.1930 um 19:33;
21.01.1931 um 01:18; 21.01.1932 um 07:07;
20.01.1933 um 12:53; 20.01.1934 um 18:37;
21.01.1935 um 00:28; 21.01.1936 um 06:12;
20.01.1937 um 12:01; 20.01.1938 um 17:59;
20.01.1939 um 23:51; 21.01.1940 um 05:44;
20.01.1941 um 11:34; 20.01.1942 um 17:24;
20.01.1943 um 23:19; 21.01.1944 um 05:07;
20.01.1945 um 10:54; 20.01.1946 um 16:45;
20.01.1947 um 22:32; 21.01.1948 um 04:19;
20.01.1949 um 10:09; 20.01.1950 um 16:00;
20.01.1951 um 21:52; 21.01.1952 um 03:39;
20.01.1953 um 09:22; 20.01.1954 um 15:11;
20.01.1955 um 21:02; 21.01.1956 um 02:48;
20.01.1957 um 08:39; 20.01.1958 um 14:29;
20.01.1959 um 20:19; 21.01.1960 um 02:10;
20.01.1961 um 08:01; 20.01.1962 um 13:58;
20.01.1963 um 19:54; 21.01.1964 um 01:41;
20.01.1965 um 07:29; 20.01.1966 um 13:20;
20.01.1967 um 19:08; 21.01.1968 um 00:54;
20.01.1969 um 06:38; 20.01.1970 um 12:24;
20.01.1971 um 18:13; 20.01.1972 um 23:59;
20.01.1973 um 05:49; 20.01.1974 um 11:46;
20.01.1975 um 17:37; 20.01.1976 um 23:25;
20.01.1977 um 05:15; 20.01.1978 um 11:04;

20.01.1979 um 17:00; 20.01.1980 um 22:49;
20.01.1981 um 04:36; 20.01.1982 um 10:31;
20.01.1983 um 16:17; 20.01.1984 um 22:05;
20.01.1985 um 03:58 20.01.1986 um 09:47;
20.01.1987 um 15:41; 20.01.1988 um 21:25;
20.01.1989 um 03:07; 20.01.1990 um 09:02;
20.01.1991 um 14:47; 20.01.1992 um 20:33;
20.01.1993 um 02:23; 20.01.1994 um 08:08;
20.01.1995 um 14:01; 20.01.1996 um 19:53;
20.01.1997 um 01:43; 20.01.1998 um 07:47;
20.01.1999 um 13:38; 20.01.2000 um 19:24;
20.01.2001 um 01:17; 20.01.2002 um 07:02;
20.01.2003 um 12:53; 20.01.2004 um 18:43;
20.01.2005 um 00:22; 20.01.2006 um 06:16;
20.01.2007 um 12:01; 20.01.2008 um 17:44;
19.01.2009 um 23:41; 20.01.2010 um 05:28;
20.01.2011 um 11:29
Alle Zeitangaben in mitteleuropäischer Zeit.

Ende des Wassermann-Zeichens

19.02.1920 um 23:29; 19.02.1921 um 05:20;
19.02.1922 um 11:16; 19.02.1923 um 17:00;
19.02.1924 um 22:51; 19.02.1925 um 04:43;
19.02.1926 um 10:35; 19.02.1927 um 16:34;
19.02.1928 um 22:19; 19.02.1929 um 04:07;
19.02.1930 um 10:00; 19.02.1931 um 15:40;
19.02.1932 um 21:28; 19.02.1933 um 03:16;
19.02.1934 um 09:02; 19.02.1935 um 14:52;
19.02.1936 um 20:33; 19.02.1937 um 02:21;
19.02.1938 um 08:20; 19.02.1939 um 14:09;
19.02.1940 um 20:04; 19.02.1941 um 01:56;
19.02.1942 um 07:47; 19.02.1943 um 13:40;
19.02.1944 um 19:27; 19.02.1945 um 01:15;
19.02.1946 um 07:09; 19.02.1947 um 12:52;
19.02.1948 um 18:37; 19.02.1949 um 00:27;
19.02.1950 um 06:18; 19.02.1951 um 12:10;

19.02.1952 um 17:57; 18.02.1953 um 23:41;
19.02.1954 um 05:32; 19.02.1955 um 11:19;
19.02.1956 um 17:05; 18.02.1957 um 22:58;
19.02.1958 um 04:49; 19.02.1959 um 10:38;
19.02.1960 um 16:26; 18.02.1961 um 22:17;
19.02.1962 um 04:15; 19.02.1963 um 10:09;
19.02.1964 um 15:57; 18.02.1965 um 21:48;
19.02.1966 um 03:38; 19.02.1967 um 09:24;
19.02.1968 um 15:09; 18.02.1969 um 20:55;
19.02.1970 um 02:42; 19.02.1971 um 08:27;
19.02.1972 um 14:12; 18.02.1973 um 20:01;
19.02.1974 um 01:59; 19.02.1975 um 07:50;
19.02.1976 um 13:40; 18.02.1977 um 19:31;
19.02.1978 um 01:21; 19.02.1979 um 07:13;
19.02.1980 um 13:02; 18.02.1981 um 18:52;
19.02.1982 um 00:47; 19.02.1983 um 06:31;
19.02.1984 um 12:16; 18.02.1985 um 18:08;
18.02.1986 um 23:58; 19.02.1987 um 05:50;
19.02.1988 um 11:35; 18.02.1989 um 17:21;
18.02.1990 um 23:14; 19.02.1991 um 04:59;
19.02.1992 um 10:44; 18.02.1993 um 16:35;
18.02.1994 um 22:22; 19.02.1995 um 04:11;
19.02.1996 um 10:01; 18.02.1997 um 15:52;
18.02.1998 um 21:55; 19.02.1999 um 03:47;
19.02.2000 um 09:34; 18.02.2001 um 15:28;
18.02.2002 um 21:14; 19.02.2003 um 03:01;
19.02.2004 um 08:50; 18.02.2005 um 14:32;
18.02.2006 um 20:26; 19.02.2007 um 02:09;
19.02.2008 um 07:50; 18.02.2009 um 13:46;
18.02.2010 um 19:36; 19.02.2011 um 01:26.
Alle Zeitangaben in mitteleuropäischer Zeit.

Lesebeispiel:

»19.02.1960, um 16:26.« Das heißt, am 19.02.
1960 trat die Sonne um 16:26 Uhr in das Tierkreiszeichen Wassermann. Wer nach 16:26 Uhr

geboren wurde, ist also bereits ein Wassermann, wer vor dieser Zeit zur Welt kam, noch
ein Steinbock.

Die Bestimmung des Mondzeichens

Die einfache Anwendung der Mond-Tabelle

1. Suchen Sie zuerst die Spalte mit Ihrem *Geburtstag.*
2. Suchen Sie die Zeile, in der sich das *Geburtsjahr* befindet.
3. Lesen Sie das Mondzeichen ab.
4. Steht hinter der gesuchten Jahreszahl in
   Klammern eine Uhrzeit, kann sich der
   Mond statt im angegebenen Zeichen auch
   im vorhergehenden befinden. Also statt im
   Widder auch in den Fischen, statt im Stier
   auch im Widder und so weiter.
5. Lesen Sie die Texte zu beiden Mondzeichen,
   um herauszufinden, welches besser auf Sie
   zutrifft.

Genaue Bestimmung des Mondzeichens

1. Suchen Sie zuerst die Spalte, in der Ihr Geburtstag steht.
2. Wählen Sie die Zeile, in welcher der Jahrgang steht.
3. Ist Ihr Jahrgang nicht dabei, versuchen Sie
   Ihr Glück in der folgenden Spalte Ihres Geburtsdatums.
4. Da der Mond auch innerhalb eines Tages das
   Tierkreiszeichen wechseln kann, steht hinter manchen Jahreszahlen in Klammern
   eine Uhrzeit. Diese gibt in mitteleuropäischer Zeit an, um wieviel Uhr der Mond in

das am Ende der Zeile angegebene Zeichen wechselt. Wurden Sie vor der betreffenden Uhrzeit geboren, steht Ihr Mond nicht im aufgeführten Tierkreiszeichen, sondern in dem vorhergehenden. Wenn Sie die Symbole der Tierkreiszeichen nicht kennen, schauen Sie einfach auf Seite 15 nach.

5. Falls Sie an einem Tag geboren wurden, an dem der Mond das Tierkreiszeichen wechselt und Ihre Geburtszeit weniger als eine Stunde von der Uhrzeit des Zeichenwechsels abweicht, sollten Sie in der Tabelle »Sommerzeiten« nachschauen, ob an Ihrem Geburtstag Sommerzeit war. Bei »normaler« Sommerzeit müssen Sie eine Stunde von Ihrer Geburtszeit abziehen, um die MEZ (mitteleuropäische Zeit) zu erhalten. Bei doppelter Sommerzeit, die es nur 1945 gab, müssen zwei Stunden abgezogen werden, ebenso bei der Hochsommerzeit 1947.

6. Wenn Sie Ihre Geburtszeit nicht kennen, lesen Sie entweder unter beiden Mondzeichen nach und versuchen herauszufinden, welcher Text besser auf Sie zutrifft, oder Sie wenden sich schriftlich (mit frankiertem Rückumschlag) an das Standesamt Ihres Geburtsorts. Hier bekommen Sie in aller Regel umgehend Ihre genaue Geburtszeit mitgeteilt.

Falls Ihnen das alles zu kompliziert vorkommt: Es ist sehr viel leichter, als es im ersten Moment scheint. Zur Veranschaulichung ein paar praktische Beispiele.

Nehmen wir an, wir wollen wissen, welches Mondzeichen ein Mensch hat, der am 22.01.1959 geboren wurde.

Suchen Sie das fettgedruckte Datum 22.01. Gehen Sie in dieser Rubrik nach unten zu dem Jahrgang 1959. In derselben Zeile finden Sie das Symbol für das Tierkreiszeichen Krebs. Die Uhrzeit (05:47 Uhr) bedeutet, daß um diese Zeit der Mond in das Tierkreiszeichen Krebs wechselte. Wer vor dieser Uhrzeit geboren wurde, hatte also noch einen Zwillingsmond.

Sommerzeiten

14.03.1921 23 h – 26.10.21 0 h MEZ franz. Zone
25.03.1922 23 h – 08.10.22 0 h MEZ franz. Zone
26.05.1923 23 h – 07.10.23 0 h MEZ franz. Zone
29.03.1924 23 h – 05.10.24 0 h MEZ franz. Zone
04.04.1925 23 h – 04.10.25 0 h MEZ franz. Zone
17.04.1926 23 h – 03.10.26 0 h MEZ franz. Zone
09.04.1927 23 h MEZ statt GMT franz. Zone
01.04.1940 2 h – 02.11.42 3 h MES*
01.01.1941 0 h – 02.11.42 3 h MES
01.01.1942 2 h – 02.11.42 3 h MES
29.03.1943 2 h – 04.10.43 3 h MES
03.04.1944 2 h – 02.10.44 3 h MES
02.04.1945 2 h – 16.09.45 2 h MES
(1945: doppelte Sommerzeit vom 24.05. bis 24.09., im sowjetisch besetzten Teil Deutschlands einschließlich West-Berlins bis 18.11. Sommerzeit)
14.04.1946 2 h – 07.10.46 3 h MES
06.04.1947 3 h – 11.05.47 3 h MES
11.05.1947 3 h – 29.06.47 3 h MES + 1
(1947: Vorstellung gegen MEZ: 2 Stunden [Hochsommerzeit])
29.06.1947 3 h – 05.10.47 3 h MES
18.04.1948 2 h – 03.10.48 3 h MES
10.04.1949 2 h – 02.10.49 3 h MES
06.04.1980 2 h – 28.09.80 3 h MES

29.03.1981 2 h – 27.09.81 3 h MES
28.03.1982 2 h – 26.09.82 3 h MES
27.03.1983 2 h – 25.09.83 3 h MES
25.03.1984 2 h – 30.09.84 3 h MES
31.03.1985 2 h – 29.09.85 3 h MES
30.03.1986 2 h – 28.09.86 3 h MES
29.03.1987 2 h – 27.09.87 3 h MES
27.03.1988 2 h – 25.09.88 3 h MES
26.03.1989 2 h – 24.09.89 3 h MES
25.03.1990 2 h – 30.09.90 3 h MES
31.03.1991 2 h – 29.09.91 3 h MES
29.03.1992 2 h – 27.09.92 3 h MES
28.03.1993 2 h – 26.09.93 3 h MES
27.03.1994 2 h – 25.09.94 3 h MES
26.03.1995 2 h – 24.09.95 3 h MES
31.03.1996 2 h – 27.10.96 3 h MES
30.03.1997 2 h – 26.10.97 3 h MES
29.03.1998 2 h – 25.10.98 3 h MES
28.03.1999 2 h – 31.10.99 3 h MES**
26.03.2000 2 h – 29.10.00 3 h MES**
25.03.2001 2 h – 28.10.01 3 h MES**

---

* 1940 bis 1942 durchgehend
** voraussichtlich (Stand 1998)

GMT = Greenwich mean time (Greenwich-Zeit)
MES = mitteleuropäische Sommerzeit
MEZ = mitteleuropäische Zeit

Geburtsdatum/ Mondzeichen	Geburtsdatum/ Mondzeichen	Geburtsdatum/ Mondzeichen	Geburtsdatum/ Mondzeichen
19.01.	1991 ♓	1956 (00:11) ♉	1921 ♋
2009 ♏	1992 ♌	1957 ♎	1922 (14:33) ♐
20.01.	1993 (03:46) ♑	1958 ♒	1923 (07:37) ♈
1921 ♊	1994 ♉	1959 ♊	1924 (00:33) ♌
1922 (08:02) ♏	1995 ♍	1960 (14:59) ♏	1925 (09:22) ♑
1925 (08:34) ♐	1996 (14:15) ♒	1961 (05:26) ♈	1926 ♉
1926 (23:16) ♉	1997 (21:29) ♋	1962 ♐	1927 ♍
1929 (22:44) ♊	1998 (19:34) ♏	1963 ♐	1928 (18:27) ♒
1930 ♎	1999 (04:40) ♓	1964 ♈	1929 (23:52) ♋
1933 ♏	2000 ♐	1965 (21:28) ♎	1930 ♏
1934 (02:28) ♈	2001 ♐	1966 (14:26) ♒	1931 ♓
1937 ♉	2002 ♈	1967 (11:38) ♊	1932 ♋
1938 (19:27) ♎	2003 (19:32) ♍	1968 ♓	1933 ♐
1939 (15:15) ♒	2004 ♑	1969 ♓	1934 (09:26) ♉
1941 (11:04) ♏	2005 ♊	1970 ♋	1935 (08:19) ♍
1942 ♓	2006 ♎	1971 ♏	1936 ♑
1943 ♋	2007 ♒	1972 (03:35) ♈	1937 (00:54) ♊
1945 (23:48) ♉	2008 (09:05) ♋	1973 (03:23) ♍	1938 ♎
1946 (01:40) ♍	2009 (18:30) ♐	1974 ♑	1939 ♏
1947 ♑	2010 (19:36) ♈	1975 ♉	1940 (16:35) ♋
1949 ♎	**21.01.**	1976 (16:10) ♎	1941 (14:16) ♐
1950 (19:41) ♓	1920 (06:40) ♒	1977 (20:30) ♓	1942 ♈
1951 (14:06) ♋	1921 (19:35) ♋	1978 (12:50) ♋	1943 ♌
1953 (00:08) ♈	1922 ♏	1979 (10:51) ♏	1944 ♐
1954 ♌	1923 ♓	1980 ♓	1945 ♉
1955 ♐	1924 ♋	1981 ♌	1946 (09:31) ♎
1957 (13:55) ♎	1925 ♐	1982 ♐	1947 (06:37) ♒
1958 (00:22) ♒	1926 ♉	1983 ♈	1948 ♊
1959 ♊	1927 ♍	1984 ♍	1949 ♏
1961 ♓	1928 ♑	1985 (01:38) ♒	1950 ♓
1962 (18:50) ♌	1929 ♊	1986 ♊	1951 ♋
1963 (15:21) ♐	1930 (15:25) ♏	1987 ♎	1952 (13:22) ♐
1965 ♍	1931 (11:55) ♓	1988 (08:27) ♓	1953 (03:20) ♉
1966 ♑	1932 (05:22) ♋	1989 (19:02) ♌	1954 ♍
1967 ♉	1933 (11:55) ♐	1990 (13:44) ♐	1955 ♑
1969 (10:20) ♓	1934 ♈	1991 (04:28) ♈	1956 ♉
1970 ♌	1935 ♌	1992 (23:22) ♍	1957 (18:02) ♏
1971 ♏	1936 (23:18) ♑	1993 ♑	1958 (10:42) ♓
1972 ♓	1937 ♉	1994 ♉	1959 (05:47) ♋
1973 ♌	1938 ♎	1995 (18:54) ♎	1960 ♏
1974 (16:47) ♑	1939 ♒	1996 ♒	1961 ♈
1975 (16:21) ♉	1940 ♊	1997 ♋	1962 ♌
1976 ♍	1941 ♏	1998 ♏	1963 ♐
1977 ♒	1942 (14:08) ♈	1999 ♓	1964 (04:23) ♉
1978 ♊	1943 (10:44) ♌	2000 (04:58) ♌	1965 ♎
1979 ♎	1944 (04:53) ♐	2001 (15:57) ♑	1966 ♒
1980 (04:33) ♓	1945 ♉	2002 (15:47) ♉	1967 ♊
1981 (08:21) ♌	1946 ♍	2003 ♍	1968 (17:28) ♏
1982 ♐	1947 ♑	2004 (20:11) ♒	1969 (14:43) ♈
1983 ♈	1948 (22:01) ♊	2005 ♊	1970 (09:40) ♌
1984 (18:35) ♍	1949 (12:59) ♏	2006 ♎	1971 (06:16) ♐
1985 ♑	1950 ♓	2007 (09:48) ♓	1972 ♈
1986 (17:12) ♊	1951 ♋	2008 ♋	1973 ♍
1987 (12:09) ♎	1952 ♏	2009 ♐	1974 ♑
1988 ♒	1953 ♈	2010 ♈	1975 ♉
1989 ♋	1954 (15:14) ♍	**22.01.**	1976 ♎
1990 ♏	1955 (10:09) ♑	1920 ♒	1977 ♓

Geburtsdatum/ Mondzeichen			Geburtsdatum/ Mondzeichen			Geburtsdatum/ Mondzeichen			Geburtsdatum/ Mondzeichen		
1978		♋	1943	(23:03)	♍	2000	(06:07)	♍	1965	(04:01)	♏
1979		♏	1944	(08:26)	♑	2001		♎	1966	(02:58)	♓
1980	(05:52)	♈	1945	(03:35)	♊	2002		♉	1967		♋
1981	(15:02)	♍	1946		♎	2003		♎	1968	(20:23)	♐
1982	(08:51)	♑	1947		♒	2004	(22:29)	♓	1969	(23:13)	♉
1983	(03:36)	♉	1948		♊	2005		♋	1970	(22:33)	♍
1984	(19:07)	♎	1949	(18:09)	♐	2006		♏	1971	(11:32)	♑
1985		♒	1950	(05:38)	♈	2007	(11:52)	♈	1972		
1986		♊	1951	(01:12)	♌	2008		♌	1973		♎
1987	(19:30)	♏	1952		♐	2009	(07:18)	♑	1974		♒
1988		♓	1953		♉	2010	(05:39)	♉	1975		♊
1989		♌	1954		♍	**24.01.**			1976		♏
1990		♐	1955	(19:58)	♒	1920		♓	1977	(04:20)	♈
1991		♈	1956	(04:06)	♊	1921		♌	1978	(01:02)	♌
1992		♍	1957		♏	1922	(23:28)	♑	1979		♐
1993	(14:00)	♒	1958		♓	1923	(20:34)	♉	1980	(08:31)	♉
1994	(10:35)	♊	1959		♋	1924	(07:49)	♍	1981		♍
1995		♎	1960	(18:03)	♐	1925	(09:09)	♒	1982	(20:25)	♒
1996	(14:02)	♓	1961	(10:51)	♉	1926		♊	1983	(08:40)	♊
1997		♋	1962	(06:53)	♍	1927		♎	1984	(22:04)	♏
1998		♏	1963	(00:24)	♑	1928	(23:24)	♓	1985		♓
1999	(09:25)	♈	1964		♉	1929		♋	1986		♋
2000		♉	1965		♎	1930	(00:56)	♐	1987	(23:35)	♐
2001		♑	1966		♒	1931	(00:55)	♈	1988		♈
2002		♉	1967	(18:51)	♋	1932		♌	1989	(05:32)	♍
2003	(22:23)	♒	1968		♏	1933		♑	1990	(00:27)	♑
2004		♒	1969		♈	1934	(19:54)	♊	1991		♎
2005	(11:42)	♋	1970		♌	1935	(20:59)	♎	1992	(00:42)	♎
2006	(11:28)	♏	1971		♐	1936	(03:02)	♒	1993		♒
2007		♓	1972	(06:17)	♉	1937	(03:38)	♋	1994	(19:55)	♋
2008	(11:20)	♌	1973	(09:16)	♎	1938		♏	1995		♏
2009		♐	1974	(05:50)	♒	1939		♓	1996	(16:37)	♈
2010		♈	1975	(00:23)	♊	1940	(18:11)	♌	1997		♌
23.01.			1976	(18:48)	♏	1941	(18:01)	♑	1998		♐
1920	(15:34)	♓	1977		♓	1942	(00:18)	♉	1999	(12:52)	♉
1921	(18:45)	♌	1978		♋	1943		♍	2000		♍
1922		♐	1979	(17:08)	♐	1944		♑	2001	(04:43)	♒
1923		♈	1980		♈	1945		♊	2002	(01:28)	♊
1924		♌	1981		♍	1946	(20:40)	♏	2003		♎
1925		♑	1982		♑	1947	(17:23)	♓	2004		♓
1926	(06:55)	♊	1983		♉	1948	(00:23)	♋	2005		♋
1927	(04:27)	♎	1984		♎	1949		♐	2006	(19:38)	♐
1928		♒	1985	(10:02)	♓	1950		♈	2007		♈
1929		♋	1986	(05:15)	♌	1951		♑	2008	(15:48)	♍
1930		♏	1987		♏	1952	(14:39)	♑	2009		♑
1931		♓	1988	(09:31)	♈	1953	(09:21)	♊	2010		♉
1932	(10:40)	♌	1989		♌	1954	(02:30)	♒	**25.01.**		
1933	(13:18)	♑	1990		♐	1955		♒	1920	(22:32)	♈
1934		♉	1991	(10:01)	♉	1956		♊	1921	(18:04)	♍
1935		♍	1992		♍	1957		♏	1922		♉
1936		♑	1993		♒	1958	(23:03)	♈	1923		♍
1937		♊	1994		♊	1959	(13:13)	♌	1924		♒
1938	(03:55)	♏	1995	(23:32)	♏	1960		♉	1925		
1939	(03:51)	♓	1996		♓	1961		♉	1926	(17:30)	♋
1940		♋	1997	(08:50)	♌	1962		♍	1927	(16:54)	♏
1941		♐	1998	(06:25)	♐	1963		♑	1928		♓
1942		♈	1999		♈	1964	(07:05)	♊	1929	(00:16)	♌

Geburtsdatum/Mondzeichen			Geburtsdatum/Mondzeichen			Geburtsdatum/Mondzeichen			Geburtsdatum/Mondzeichen		
1930		♐	1987		♐	1952	(14:06)	♒	2009		♒
1931		♈	1988	(13:36)	♉	1953	(18:07)	♋	2010		♊
1932	(13:47)	♍	1989		♍	1954	(15:03)	♏	**27.01.**		
1933	(14:56)	♒	1990		♑	1955	(03:11)	♓	1920		♈
1934		♊	1991	(13:06)	♊	1956		♓	1921	(19:46)	♎
1935		♎	1992		♎	1957		♐	1922	(10:16)	♒
1936		♒	1993	(01:47)	♓	1958		♈	1923	(08:07)	♊
1937		♋	1994		♏	1959	(18:13)	♑	1924		♎
1938	(15:51)	♐	1995		♏	1960		♑	1925		♋
1939	(15:42)	♈	1996		♈	1961		♊	1926		♓
1940		♌	1997	(21:26)	♍	1962		♎	1927		♋
1941		♑	1998	(13:39)	♑	1963		♒	1928	(02:48)	♈
1942		♉	1999		♉	1964	(08:51)	♋	1929	(01:47)	♍
1943		♍	2000	(10:09)	♎	1965	(14:32)	♐	1930		♑
1944	(09:09)	♒	2001		♒	1966	(15:33)	♈	1931		♉
1945	(09:05)	♋	2002		♊	1967		♌	1932	(16:07)	♉
1946		♏	2003	(01:09)	♏	1968	(22:57)	♉	1933	(18:31)	♓
1947		♓	2004		♓	1969		♉	1934	(08:24)	♋
1948	(24:00)	♌	2005	(00:21)	♌	1970		♍	1935	(07:46)	♏
1949		♐	2006		♐	1971	(13:36)	♒	1936		♓
1950	(18:08)	♉	2007	(14:28)	♉	1972		♊	1937		♌
1951	(10:26)	♍	2008		♍	1973		♏	1938		♐
1952		♑	2009	(19:56)	♒	1974		♏	1939		♈
1953		♊	2010	(12:11)	♊	1975		♋	1940		♍
1954		♎	**26.01.**			1976		♐	1941		♒
1955		♒	1920		♈	1977	(15:41)	♉	1942		♊
1956	(05:20)	♋	1921		♍	1978	(11:56)	♍	1943		♎
1957	(01:52)	♐	1922		♑	1979		♑	1944	(08:48)	♓
1958		♈	1923		♉	1980	(13:11)	♊	1945	(16:33)	♌
1959		♌	1924	(13:14)	♎	1981		♎	1946	(09:27)	♐
1960	(18:59)	♑	1925	(09:45)	♓	1982		♒	1947	(02:10)	♈
1961	(19:50)	♊	1926		♏	1983	(10:28)	♋	1948	(22:56)	♍
1962	(19:52)	♎	1927		♏	1984		♏	1949		♑
1963	(06:14)	♒	1928		♓	1985		♈	1950		♉
1964		♊	1929		♌	1986		♌	1951	(17:46)	♎
1965		♏	1930	(12:53)	♑	1987		♐	1952		♒
1966		♓	1931	(13:10)	♉	1988		♉	1953		♋
1967	(22:20)	♌	1932		♍	1989	(18:01)	♍	1954		♏
1968		♐	1933		♒	1990	(08:25)	♒	1955		♓
1969		♉	1934		♊	1991		♊	1956	(05:06)	♑
1970		♍	1935		♎	1992	(05:32)	♏	1957	(12:32)	♉
1971		♑	1936	(04:35)	♓	1993		♓	1958	(11:57)	♉
1972	(09:14)	♊	1937	(07:08)	♌	1994		♋	1959		♍
1973	(18:52)	♏	1938		♐	1995	(02:36)	♐	1960	(19:19)	♒
1974	(18:00)	♓	1939		♈	1996	(23:16)	♉	1961		♊
1975	(04:20)	♋	1940	(18:12)	♍	1997		♍	1962		♎
1976	(22:51)	♐	1941	(23:06)	♒	1998		♑	1963	(09:35)	♓
1977		♈	1942	(12:44)	♊	1999	(15:29)	♊	1964		♋
1978		♌	1943	(09:47)	♎	2000		♎	1965		♐
1979	(19:27)	♑	1944		♒	2001	(17:39)	♓	1966		♈
1980		♉	1945		♋	2002	(07:17)	♋	1967	(23:36)	♍
1981	(00:45)	♎	1946		♏	2003		♏	1968		♑
1982		♒	1947		♓	2004	(04:06)	♈	1969	(10:53)	♉
1983		♊	1948		♌	2005		♌	1970	(10:42)	♎
1984		♏	1949	(01:22)	♑	2006	(23:31)	♑	1971		♒
1985	(21:05)	♈	1950		♉	2007		♉	1972	(13:01)	♋
1986	(14:47)	♌	1951		♍	2008	(23:35)	♎	1973		♏

Geburtsdatum / Mondzeichen	Geburtsdatum / Mondzeichen	Geburtsdatum / Mondzeichen	Geburtsdatum / Mondzeichen
1974 ♓	1939 (01:29) ♉	1996 ♉	1961 ♋
1975 (05:00) ♌	1940 (18:43) ♎	1997 (10:21) ♎	1962 ♏
1976 ♐	1941 ♒	1998 ♒	1963 (11:44) ♈
1977 ♉	1942 ♊	1999 (17:57) ♋	1964 ♌
1978 ♍	1943 (17:51) ♏	2000 ♏	1965 (03:21) ♑
1979 (19:12) ♒	1944 ♓	2001 ♓	1966 (02:43) ♉
1980 ♊	1945 ♌	2002 (09:31) ♌	1967 ♍
1981 (12:49) ♏	1946 ♐	2003 ♐	1968 (02:06) ♑
1982 (05:49) ♓	1947 ♈	2004 (13:46) ♉	1969 (23:36) ♋
1983 ♋	1948 ♍	2005 ♍	1970 (20:34) ♏
1984 (04:12) ♐	1949 (10:26) ♒	2006 ♑	1971 ♓
1985 ♈	1950 (06:43) ♊	2007 ♊	1972 (18:21) ♌
1986 (21:51) ♍	1951 ♎	2008 ♎	1973 ♐
1987 (00:42) ♑	1952 (13:45) ♓	2009 (07:12) ♓	1974 ♈
1988 (21:02) ♊	1953 ♋	2010 ♋	1975 (04:14) ♍
1989 ♎	1954 ♏	**29.01.**	1976 ♑
1990 ♒	1955 (08:19) ♈	1920 ♉	1977 (04:37) ♊
1991 (14:23) ♋	1956 ♌	1921 ♎	1978 ♎
1992 ♏	1957 ♑	1922 (22:34) ♓	1979 (18:25) ♓
1993 (14:28) ♈	1958 ♉	1923 (16:19) ♋	1980 ♋
1994 (01:38) ♌	1959 (21:54) ♎	1924 ♏	1981 ♏
1995 ♐	1960 ♒	1925 ♈	1982 (12:58) ♈
1996 ♉	1961 (07:22) ♋	1926 ♌	1983 ♌
1997 ♍	1962 (07:54) ♏	1927 ♐	1984 (13:12) ♑
1998 (17:27) ♒	1963 ♓	1928 (05:42) ♉	1985 ♉
1999 ♊	1964 (10:45) ♌	1929 (06:19) ♎	1986 ♍
2000 (18:01) ♏	1965 ♐	1930 (01:35) ♒	1987 (00:17) ♒
2001 ♓	1966 ♈	1931 ♊	1988 ♊
2002 ♐	1967 ♍	1932 (18:43) ♏	1989 (06:49) ♏
2003 (04:26) ♐	1968 ♑	1933 ♓	1990 ♓
2004 ♈	1969 ♊	1934 (21:12) ♌	1991 (15:03) ♌
2005 (12:24) ♍	1970 ♎	1935 (15:11) ♐	1992 ♐
2006 ♑	1971 (14:01) ♓	1936 ♈	1993 ♈
2007 (18:10) ♊	1972 ♋	1937 ♍	1994 (04:39) ♍
2008 ♎	1973 (07:10) ♐	1938 ♑	1995 ♑
2009 ♒	1974 (04:32) ♈	1939 ♉	1996 (09:42) ♊
2010 (15:01) ♋	1975 ♌	1940 ♎	1997 ♎
28.01.	1976 (04:24) ♑	1941 (06:34) ♓	1998 (19:08) ♓
1920 (03:43) ♉	1977 ♉	1942 (01:03) ♋	1999 ♋
1921 ♎	1978 (21:08) ♎	1943 ♏	2000 ♏
1922 ♒	1979 ♒	1944 (09:15) ♈	2001 (05:35) ♈
1923 ♊	1980 (20:02) ♊	1945 ♌	2002 ♌
1924 (17:09) ♏	1981 ♏	1946 (21:18) ♑	2003 (08:30) ♑
1925 (12:59) ♈	1982 ♓	1947 (08:45) ♉	2004 ♉
1926 (05:52) ♌	1983 (10:10) ♌	1948 (23:29) ♎	2005 (23:13) ♎
1927 (03:21) ♐	1984 ♐	1949 ♒	2006 (00:09) ♒
1928 ♈	1985 (09:53) ♉	1950 ♊	2007 (23:16) ♋
1929 ♍	1986 ♍	1951 (23:04) ♏	2008 (10:35) ♏
1930 ♑	1987 ♑	1952 ♓	2009 ♓
1931 (22:18) ♊	1988 ♊	1953 (05:06) ♌	2010 (15:10) ♌
1932 ♎	1989 ♎	1954 (02:42) ♐	**30.01.**
1933 ♓	1990 (13:51) ♓	1955 ♈	1920 (07:05) ♊
1934 ♋	1991 ♋	1956 (05:17) ♍	1921 (01:25) ♏
1935 ♏	1992 (14:20) ♐	1957 ♑	1922 ♓
1936 (05:36) ♈	1993 ♈	1958 (22:47) ♊	1923 ♋
1937 (12:30) ♍	1994 ♌	1959 ♎	1924 (19:52) ♐
1938 (04:58) ♑	1995 (04:26) ♑	1960 (20:56) ♓	1925 (19:58) ♉

Geburtsdatum		Mondzeichen	Geburtsdatum		Mondzeichen	Geburtsdatum		Mondzeichen	Geburtsdatum		Mondzeichen
1926	(18:49)	♍	1983	(09:34)	♍	1948		♎	2005		♎
1927	(10:12)	♑	1984		♑	1949		♓	2006		♓
1928		♉	1985	(22:01)	♊	1950		♋	2007		♋
1929		♎	1986	(03:10)	♎	1951		♏	2008	(23:08)	♐
1930		♒	1987		♒	1952		♈	2009		♈
1931		♊	1988	(07:11)	♋	1953	(17:35)	♍	2010	(14:23)	♍
1932		♏	1989		♏	1954	(11:27)	♑	**01.02.**		
1933	(01:21)	♌	1990	(17:34)	♈	1955		♉	1920	(08:54)	♊
1934		♐	1991		♌	1956	(07:56)	♎	1921	(11:03)	♐
1935		♐	1992		♐	1957		♒	1922	(11:35)	♈
1936	(07:37)	♉	1993	(02:37)	♉	1958		♊	1923		♌
1937	(20:49)	♎	1994		♍	1959	(01:05)	♏	1924	(22:03)	♑
1938	(17:00)	♒	1995	(06:03)	♒	1960		♓	1925		♉
1939	(07:50)	♊	1996		♊	1961		♌	1926		♍
1940	(21:17)	♏	1997	(21:48)	♏	1962		♐	1927	(13:22)	♊
1941		♓	1998		♓	1963	(13:55)	♉	1928		♏
1942		♌	1999	(21:16)	♌	1964		♍	1929		♏
1943	(22:34)	♐	2000	(05:18)	♐	1965	(16:18)	♑	1930		♓
1944		♈	2001		♈	1966	(10:43)	♊	1931		♋
1945	(02:09)	♍	2002	(09:40)	♍	1967		♎	1932		♐
1946		♑	2003		♑	1968	(07:16)	♓	1933	(11:40)	♉
1947		♉	2004		♉	1969		♋	1934	(09:00)	♍
1948		♎	2005		♎	1970		♏	1935		♑
1949	(21:26)	♓	2006	(23:32)	♓	1971		♈	1936	(11:39)	♊
1950	(16:50)	♋	2007		♋	1972		♌	1937		♎
1951		♏	2008		♏	1973		♐	1938		♒
1952	(15:33)	♈	2009	(16:25)	♈	1974		♉	1939	(10:22)	♋
1953		♌	2010		♌	1975	(04:13)	♉	1940		♏
1954		♐	**31.01.**			1976		♒	1941		♈
1955	(12:06)	♉	1920		♊	1977	(16:20)	♋	1942		♐
1956		♍	1921		♏	1978	(04:04)	♏	1943		♐
1957	(00:42)	♒	1922		♓	1979	(19:11)	♈	1944		♎
1958		♊	1923	(20:57)	♌	1980	(05:08)	♌	1945	(13:46)	♎
1959		♎	1924		♐	1981		♐	1946	(06:24)	♍
1960		♓	1925		♉	1982	(18:03)	♉	1947		♊
1961	(20:05)	♌	1926		♍	1983		♍	1948	(03:27)	♏
1962	(16:59)	♐	1927		♑	1984		♑	1949		♓
1963		♈	1928	(08:47)	♊	1985		♊	1950	(23:34)	♌
1964	(14:09)	♍	1929	(14:57)	♏	1986		♎	1951	(02:16)	♐
1965		♑	1930	(13:59)	♓	1987	(00:24)	♓	1952	(20:51)	♉
1966		♉	1931	(03:09)	♋	1988		♋	1953		♍
1967	(00:33)	♎	1932	(22:07)	♐	1989	(17:30)	♐	1954		♑
1968		♒	1933		♈	1990		♈	1955	(15:02)	♊
1969		♋	1934		♌	1991	(16:44)	♍	1956		♏
1970		♏	1935	(18:47)	♑	1992	(02:07)	♑	1957	(13:20)	♓
1971	(14:36)	♈	1936		♉	1993		♉	1958	(05:41)	♋
1972		♌	1937		♎	1994	(06:34)	♎	1959		♏
1973	(19:54)	♑	1938		♒	1995		♒	1960	(01:39)	♈
1974	(12:41)	♉	1939		♊	1996	(22:11)	♋	1961		♌
1975		♍	1940		♏	1997		♏	1962	(22:09)	♑
1976	(11:34)	♒	1941	(17:02)	♈	1998	(20:21)	♈	1963		♉
1977		♊	1942	(11:37)	♌	1999		♌	1964	(20:25)	♎
1978		♎	1943		♐	2000		♐	1965		♒
1979		♓	1944	(12:07)	♉	2001	(15:21)	♉	1966		♊
1980		♋	1945		♍	2002		♍	1967	(02:44)	♏
1981	(01:12)	♐	1946		♑	2003	(13:44)	♒	1968		♓
1982		♈	1947	(12:52)	♊	2004	(02:18)	♊	1969	(11:29)	♌

Geburtsdatum/	Mondzeichen	Geburtsdatum/	Mondzeichen	Geburtsdatum/	Mondzeichen	Geburtsdatum/	Mondzeichen
1970 (02:50)	♐	1935 (19:26)	♒	1992 (15:09)	♒	1957	♓
1971 (16:49)	♉	1936	♊	1993	♊	1958 (08:38)	♌
1972 (01:56)	♍	1937 (08:10)	♏	1994 (08:49)	♏	1959	♐
1973	♑	1938 (02:58)	♓	1995	♓	1960 (10:16)	♉
1974 (17:53)	♊	1939	♋	1996	♋	1961	♍
1975	♎	1940 (02:36)	♐	1997 (05:51)	♐	1962 (23:57)	♒
1976 (20:47)	♓	1941	♈	1998 (22:25)	♉	1963	♊
1977	♎	1942 (19:57)	♍	1999 (02:37)	♍	1964	♎
1978	♏	1943 (00:15)	♑	2000	♑	1965 (03:56)	♓
1979	♈	1944 (18:17)	♊	2001 (21:56)	♊	1966	♋
1980	♌	1945	♎	2002	♎	1967 (06:55)	♐
1981 (11:37)	♑	1946	♒	2003 (20:55)	♓	1968	♈
1982	♉	1947 (14:38)	♋	2004 (15:03)	♋	1969 (21:41)	♍
1983 (10:47)	♎	1948	♏	2005	♏	1970 (05:22)	♑
1984 (00:11)	♒	1949 (10:04)	♈	2006	♈	1971 (21:34)	♊
1985	♊	1950	♌	2007	♌	1972 (12:06)	♎
1986 (07:19)	♏	1951	♐	2008	♐	1973	♒
1987	♓	1952	♉	2009	♉	1974 (20:06)	♋
1988 (19:06)	♌	1953	♍	2010 (14:42)	♎	1975	♏
1989	♐	1954 (16:38)	♒	**03.02.**		1976	♓
1990 (20:27)	♉	1955	♊	1920 (10:05)	♌	1977 (01:11)	♌
1991	♍	1956 (14:33)	♏	1921 (23:14)	♑	1978	♐
1992	♑	1957	♓	1922 (23:41)	♉	1979	♉
1993 (12:15)	♊	1958	♋	1923	♍	1980	♍
1994	♎	1959 (04:11)	♐	1924	♑	1981 (18:55)	♒
1995 (09:05)	♓	1960	♈	1925	♊	1982	♊
1996	♋	1961 (08:48)	♍	1926	♎	1983 (15:32)	♏
1997	♏	1962	♑	1927 (14:07)	♓	1984 (12:22)	♓
1998	♈	1963 (17:03)	♊	1928	♋	1985	♋
1999	♌	1964	♎	1929 (02:59)	♐	1986 (10:31)	♐
2000 (18:10)	♑	1965	♒	1930 (01:23)	♈	1987	♈
2001	♉	1966 (14:41)	♋	1931	♌	1988	♌
2002 (09:44)	♎	1967	♏	1932 (02:39)	♑	1989 (00:30)	♑
2003	♒	1968 (15:39)	♈	1933	♉	1990 (23:12)	♊
2004	♊	1969	♌	1934 (19:00)	♎	1991	♒
2005 (07:51)	♏	1970	♐	1935	♒	1992	♒
2006 (23:46)	♈	1971	♉	1936 (17:58)	♋	1993 (17:56)	♋
2007 (06:15)	♌	1972	♍	1937	♏	1994	♏
2008	♐	1973 (06:55)	♒	1938	♓	1995 (15:12)	♈
2009 (23:08)	♉	1974	♊	1939 (10:06)	♌	1996 (10:46)	♌
2010	♍	1975 (06:53)	♏	1940	♐	1997	♐
02.02.		1976	♓	1941 (05:41)	♉	1998	♉
1920	♋	1977	♋	1942	♍	1999	♍
1921	♐	1978 (08:13)	♐	1943	♑	2000	♑
1922	♈	1979 (23:03)	♉	1944	♊	2001	♊
1923 (23:12)	♍	1980 (16:21)	♍	1945	♎	2002 (11:35)	♏
1924	♑	1981	♑	1946 (12:32)	♓	2003	♓
1925 (06:32)	♊	1982 (21:20)	♊	1947	♋	2004	♐
1926 (07:11)	♎	1983	♎	1948 (11:26)	♐	2005 (13:21)	♐
1927	♒	1984	♒	1949	♈	2006	♈
1928 (12:21)	♋	1985 (06:59)	♋	1950	♌	2007 (15:34)	♍
1929	♏	1986	♏	1951 (03:52)	♑	2008 (10:52)	♑
1930	♓	1987 (03:09)	♈	1952	♉	2009	♉
1931 (04:25)	♌	1988	♌	1953 (06:31)	♎	2010	♎
1932	♐	1989	♐	1954	♒	**04.02.**	
1933	♉	1990	♉	1955 (17:36)	♋	1920	♌
1934	♍	1991 (21:02)	♎	1956	♏	1921	♑

Geburtsdatum	Mondzeichen	Geburtsdatum	Mondzeichen	Geburtsdatum	Mondzeichen	Geburtsdatum	Mondzeichen
1922	♉	1979	♉	1944 (03:40)	♋	2001 (01:00)	♋
1923	♍	1980	♍	1945	♏	2002 (16:21)	♐
1924 (00:43)	♒	1981	♒	1946 (16:38)	♈	2003 (06:44)	♈
1925 (19:11)	♋	1982 (23:18)	♋	1947	♌	2004 (01:50)	♌
1926 (17:39)	♏	1983	♏	1948 (22:30)	♑	2005 (15:32)	♑
1927	♓	1984	♓	1949	♉	2006	♉
1928 (16:53)	♌	1985 (12:02)	♌	1950	♍	2007	♍
1929	♐	1986	♐	1951 (05:04)	♎	2008 (20:10)	♒
1930	♈	1987 (09:53)	♉	1952	♊	2009	♊
1931 (03:57)	♍	1988 (07:54)	♍	1953 (18:21)	♏	2010	♏
1932	♑	1989	♑	1954	♓	**06.02.**	
1933 (00:05)	♊	1990	♊	1955 (20:28)	♌	1920	♍
1934	♎	1991	♎	1956 (01:13)	♐	1921 (11:59)	♒
1935 (18:47)	♓	1992	♒	1957	♈	1922 (08:42)	♊
1936	♋	1993	♋	1958 (09:11)	♍	1923	♎
1937 (20:59)	♐	1994 (12:14)	♐	1959	♑	1924 (05:12)	♓
1938 (10:54)	♈	1995	♈	1960 (21:58)	♊	1925	♋
1939	♌	1996	♌	1961	♎	1926	♏
1940 (10:27)	♑	1997 (09:44)	♑	1962 (23:53)	♓	1927	♈
1941	♉	1998	♉	1963	♋	1928 (23:09)	♑
1942	♍	1999 (10:56)	♎	1964	♏	1929	♐
1943 (00:10)	♒	2000 (06:31)	♒	1965 (13:43)	♈	1930	♉
1944	♊	2001	♊	1966	♌	1931 (03:54)	♎
1945 (02:22)	♏	2002	♏	1967 (13:10)	♑	1932	♒
1946	♓	2003	♓	1968 (03:15)	♉	1933 (12:13)	♋
1947 (15:01)	♋	2004	♋	1969	♍	1934 (02:31)	♏
1948	♐	2005	♐	1970 (05:19)	♒	1935 (18:49)	♈
1949 (22:57)	♉	2006 (02:31)	♉	1971	♊	1936 (02:26)	♌
1950 (03:37)	♍	2007	♍	1972	♎	1937	♐
1951	♑	2008	♑	1973	♓	1938 (16:58)	♉
1952 (05:55)	♊	2009 (03:14)	♊	1974 (20:11)	♌	1939	♍
1953	♎	2010 (17:55)	♏	1975	♐	1940 (20:21)	♒
1954 (19:03)	♓	**05.02.**		1976	♈	1941	♊
1955	♋	1920 (12:18)	♍	1977 (07:17)	♍	1942	♎
1956	♏	1921	♑	1978	♑	1943 (00:07)	♓
1957 (01:42)	♈	1922	♉	1979 (06:33)	♊	1944	♋
1958	♌	1923 (00:38)	♎	1980 (05:04)	♎	1945 (13:57)	♐
1959 (07:29)	♑	1924	♒	1981 (23:21)	♓	1946	♈
1960	♉	1925	♋	1982	♋	1947 (15:42)	♍
1961 (20:27)	♎	1926	♏	1983	♏	1948	♑
1962	♒	1927 (14:19)	♈	1984	♓	1949	♉
1963 (21:40)	♋	1928	♌	1985	♌	1950 (06:19)	♎
1964 (06:12)	♏	1929 (16:00)	♑	1986 (13:02)	♑	1951	♒
1965	♓	1930 (10:49)	♉	1987	♉	1952 (17:44)	♋
1966 (15:14)	♌	1931	♍	1988	♍	1953	♏
1967	♐	1932 (08:48)	♒	1989 (03:51)	♒	1954 (20:14)	♈
1968	♈	1933	♊	1990	♊	1955	♌
1969	♍	1934	♎	1991 (05:01)	♏	1956	♐
1970	♑	1935	♓	1992 (03:51)	♓	1957 (12:37)	♉
1971	♊	1936	♋	1993 (19:51)	♌	1958	♍
1972	♎	1937	♐	1994	♐	1959 (11:40)	♒
1973 (15:22)	♓	1938	♈	1995	♈	1960	♊
1974	♋	1939 (09:02)	♍	1996 (22:22)	♍	1961	♎
1975 (13:10)	♐	1940	♑	1997	♑	1962	♓
1976 (08:17)	♈	1941 (18:09)	♊	1998 (02:09)	♊	1963	♋
1977	♌	1942 (02:18)	♎	1999	♎	1964 (18:35)	♐
1978 (09:50)	♑	1943	♒	2000	♒	1965	♈

Geburtsdatum/ Mondzeichen		Geburtsdatum/ Mondzeichen		Geburtsdatum/ Mondzeichen		Geburtsdatum/ Mondzeichen	
1966 (14:11)	♍	1931	♎	1988	♎	1953 (03:20)	♐
1967	♑	1932 (17:15)	♓	1989 (04:52)	♓	1954 (21:47)	♉
1968	♉	1933	♋	1990	♋	1955 (00:43)	♍
1969 (06:00)	♎	1934	♏	1991 (16:23)	♐	1956	♑
1970	♒	1935	♈	1992 (15:15)	♈	1957 (20:34)	♊
1971 (05:07)	♋	1936	♌	1993 (19:29)	♍	1958	♎
1972 (00:18)	♏	1937 (08:34)	♑	1994	♑	1959 (17:50)	♓
1973 (21:29)	♈	1938	♉	1995	♉	1960 (10:37)	♋
1974	♌	1939 (09:29)	♎	1996	♍	1961	♏
1975 (22:42)	♑	1940	♒	1997	♒	1962	♈
1976 (21:13)	♉	1941	♊	1998 (07:57)	♋	1963	♐
1977	♍	1942 (06:56)	♏	1999	♏	1964	♉
1978 (10:04)	♒	1943	♓	2000	♓	1965	♉
1979	♊	1944 (15:20)	♌	2001 (01:21)	♌	1966 (13:50)	♎
1980	♎	1945	♐	2002	♐	1967	♒
1981	♓	1946 (19:47)	♉	2003 (18:59)	♉	1968	♊
1982	♐	1947	♍	2004 (10:03)	♍	1969 (12:18)	♏
1983 (00:28)	♐	1948	♑	2005 (15:26)	♒	1970	♓
1984 (01:04)	♈	1949 (09:40)	♊	2006	♊	1971 (15:06)	♌
1985 (14:09)	♍	1950	♎	2007	♎	1972 (12:38)	♐
1986	♑	1951 (07:29)	♓	2008	♒	1973	♈
1987 (20:23)	♊	1952	♋	2009	♋	1974	♍
1988 (20:36)	♎	1953	♏	2010 (01:03)	♐	1975	♉
1989	♒	1954	♈	**08.02.**		1976	♉
1990 (02:27)	♋	1955	♌	1920	♎	1977	♍
1991	♏	1956 (14:08)	♑	1921	♒	1978 (10:47)	♓
1992	♓	1957	♉	1922 (13:30)	♋	1979	♋
1993	♌	1958 (09:23)	♎	1923	♏	1980	♏
1994 (17:02)	♑	1959	♒	1924 (12:36)	♈	1981 (02:01)	♈
1995 (01:09)	♉	1960	♊	1925	♌	1982	♌
1996	♍	1961 (05:51)	♏	1926	♐	1983 (12:33)	♑
1997 (10:21)	♒	1962 (23:50)	♈	1927	♉	1984 (13:05)	♉
1998	♊	1963 (04:06)	♌	1928	♍	1985 (15:10)	♎
1999 (22:06)	♏	1964	♐	1929 (03:34)	♒	1986	♒
2000 (17:02)	♓	1965 (21:24)	♉	1930	♊	1987	♎
2001	♋	1966	♍	1931 (06:04)	♏	1988	♎
2002	♐	1967 (21:17)	♒	1932	♓	1989	♓
2003	♈	1968 (16:09)	♊	1933 (22:16)	♌	1990 (06:51)	♌
2004	♌	1969	♎	1934 (07:14)	♐	1991	♐
2005	♑	1970 (04:37)	♓	1935 (21:22)	♉	1992	♈
2006 (08:32)	♊	1971	♋	1936 (12:48)	♍	1993	♍
2007 (03:15)	♎	1972	♏	1937	♑	1994 (23:16)	♒
2008	♒	1973	♈	1938 (21:08)	♊	1995 (13:44)	♊
2009 (05:05)	♋	1974 (19:52)	♍	1939	♎	1996 (08:30)	♎
2010	♏	1975	♑	1940	♒	1997 (09:34)	♓
07.02.		1976	♉	1941 (03:57)	♋	1998	♋
1920 (17:19)	♎	1977 (11:36)	♎	1942	♏	1999	♏
1921	♒	1978	♒	1943 (02:00)	♈	2000	♓
1922	♊	1979 (17:06)	♋	1944	♌	2001	♌
1923 (02:37)	♏	1980 (17:46)	♏	1945 (22:29)	♑	2002 (00:08)	♑
1924	♓	1981	♓	1946	♉	2003	♉
1925 (07:50)	♌	1982 (00:50)	♌	1947 (18:39)	♎	2004	♍
1926 (01:02)	♐	1983	♐	1948 (10:59)	♒	2005	♍
1927 (15:50)	♉	1984	♈	1949	♊	2006 (17:33)	♋
1928	♍	1985	♍	1950 (08:50)	♏	2007 (16:09)	♏
1929	♑	1986 (15:35)	♒	1951	♓	2008 (02:46)	♓
1930 (17:08)	♊	1987	♊	1952	♋	2009 (05:43)	♌

Geburtsdatum		Mondzeichen	Geburtsdatum		Mondzeichen	Geburtsdatum		Mondzeichen	Geburtsdatum		Mondzeichen
2010		♐	1975	(10:16)	♒	1940		♓	1997	(09:29)	♈
09.02.			1976	(09:16)	♊	1941	(10:07)	♌	1998		♌
1920		♎	1977	(15:04)	♏	1942		♐	1999		♐
1921	(00:03)	♓	1978		♓	1943	(07:17)	♉	2000		♈
1922		♓	1979		♋	1944	(04:08)	♍	2001		♍
1923	(05:59)	♐	1980		♏	1945		♑	2002	(10:15)	♒
1924		♈	1981		♈	1946		♊	2003	(07:45)	♊
1925	(19:01)	♍	1982	(03:15)	♍	1947		♎	2004		♎
1926	(04:49)	♑	1983		♑	1948	(23:37)	♓	2005		♓
1927	(19:54)	♊	1984		♉	1949		♋	2006		♋
1928	(08:03)	♎	1985		♎	1950	(11:51)	♈	2007		♏
1929		♒	1986	(19:32)	♓	1951		♈	2008	(07:17)	♈
1930	(19:55)	♋	1987	(08:55)	♋	1952		♌	2009	(06:38)	♍
1931		♏	1988	(07:42)	♏	1953	(08:32)	♐	2010		♑
1932		♓	1989	(05:18)	♈	1954		♉	**11.02.**		
1933		♌	1990		♌	1955	(07:33)	♎	1920		♏
1934		♐	1991		♐	1956	(02:52)	♐	1921	(10:51)	♓
1935		♉	1992		♈	1957		♊	1922		♌
1936		♍	1993	(18:58)	♎	1958		♏	1923	(11:08)	♑
1937	(17:00)	♒	1994		♒	1959		♓	1924		♉
1938		♊	1995		♊	1960	(22:08)	♌	1925		♍
1939	(13:22)	♏	1996		♎	1961		♉	1926	(05:37)	♒
1940	(07:58)	♓	1997		♓	1962	(01:35)	♉	1927		♊
1941		♋	1998	(15:57)	♌	1963		♍	1928	(19:41)	♏
1942	(10:06)	♐	1999	(10:38)	♐	1964		♑	1929		♓
1943		♈	2000	(01:17)	♈	1965	(02:36)	♊	1930	(20:00)	♐
1944		♌	2001	(00:35)	♍	1966	(16:15)	♏	1931		♐
1945		♑	2002		♑	1967	(07:19)	♓	1932		♈
1946	(22:45)	♊	2003		♉	1968	(03:34)	♋	1933	(05:43)	♍
1947		♎	2004	(16:13)	♎	1969	(16:23)	♐	1934		♑
1948		♒	2005	(14:59)	♓	1970		♈	1935	(03:35)	♊
1949	(16:22)	♋	2006		♏	1971		♌	1936	(00:45)	♎
1950		♏	2007		♏	1972	(22:50)	♑	1937	(22:10)	♓
1951	(12:43)	♈	2008		♓	1973		♉	1938		♋
1952	(06:36)	♌	2009		♌	1974		♒	1939	(21:24)	♐
1953		♐	2010	(11:43)	♑	1975		♒	1940	(20:49)	♈
1954		♉	**10.02.**			1976		♊	1941		♌
1955		♍	1920	(02:13)	♏	1977		♏	1942	(12:19)	♌
1956		♑	1921		♓	1978	(13:56)	♈	1943		♍
1957		♊	1922	(14:39)	♌	1979	(05:25)	♌	1944		♍
1958	(11:03)	♏	1923		♉	1980	(04:19)	♐	1945	(03:12)	♒
1959		♓	1924	(23:09)	♉	1981	(04:10)	♉	1946		♊
1960		♋	1925		♍	1982		♍	1947	(01:28)	♏
1961	(12:01)	♈	1926		♑	1983		♑	1948		♓
1962		♈	1927		♊	1984	(22:39)	♊	1949	(19:01)	♌
1963	(12:36)	♍	1928		♎	1985	(16:49)	♏	1950		♐
1964	(07:11)	♑	1929	(12:43)	♓	1986		♓	1951	(21:33)	♉
1965		♉	1930		♓	1987		♋	1952	(19:02)	♍
1966		♎	1931	(11:21)	♐	1988		♏	1953		♑
1967		♒	1932	(04:17)	♈	1989		♈	1954	(00:54)	♎
1968		♊	1933		♌	1990	(13:13)	♍	1955		♒
1969		♏	1934	(09:23)	♑	1991	(05:16)	♑	1956		♒
1970	(05:17)	♈	1935		♉	1992	(00:36)	♉	1957	(00:39)	♐
1971		♌	1936		♍	1993		♎	1958	(15:11)	♐
1972		♐	1937		♒	1994		♒	1959	(02:55)	♈
1973	(01:53)	♉	1938	(23:26)	♋	1995		♊	1960		♌
1974	(21:10)	♎	1939		♏	1996	(16:35)	♏	1961	(14:50)	♋

Geburtsdatum / Mondzeichen	Geburtsdatum / Mondzeichen	Geburtsdatum / Mondzeichen	Geburtsdatum / Mondzeichen
1962 ♉	1927 (02:51) ♋	1984 ♊	1949 (19:05) ♍
1963 (23:18) ♎	1928 ♏	1985 (20:09) ♎	1950 ♑
1964 (17:39) ♒	1929 (19:41) ♈	1986 (02:21) ♈	1951 ♉
1965 ♊	1930 ♌	1987 ♌	1952 ♍
1966 ♏	1931 (19:39) ♉	1988 ♐	1953 ♒
1967 ♓	1932 (17:05) ♉	1989 ♉	1954 (06:10) ♋
1968 ♋	1933 ♍	1990 (22:09) ♎	1955 ♏
1969 ♐	1934 (09:57) ♊	1991 (17:16) ♒	1956 ♐
1970 (08:59) ♉	1935 ♊	1992 (07:08) ♊	1957 (01:18) ♌
1971 (02:58) ♍	1936 ♎	1993 ♏	1958 (21:55) ♑
1972 ♑	1937 ♑	1994 ♓	1959 (14:47) ♉
1973 (05:10) ♊	1938 ♋	1995 ♋	1960 (07:35) ♍
1974 ♎	1939 ♐	1996 (21:58) ♐	1961 (15:14) ♒
1975 (22:45) ♓	1940 ♈	1997 (11:56) ♉	1962 ♎
1976 (17:59) ♋	1941 (13:21) ♍	1998 (02:10) ♍	1963 ♎
1977 (18:11) ♐	1942 ♑	1999 ♑	1964 ♒
1978 ♈	1943 (16:25) ♊	2000 ♉	1965 ♋
1979 ♌	1944 (16:54) ♎	2001 ♎	1966 ♐
1980 ♐	1945 ♒	2002 (21:53) ♓	1967 ♈
1981 ♉	1946 (01:59) ♏	2003 (18:19) ♏	1968 ♉
1982 (08:02) ♎	1947 ♏	2004 ♏	1969 ♑
1983 (01:40) ♒	1948 ♓	2005 ♈	1970 (16:29) ♊
1984 ♊	1949 ♌	2006 ♌	1971 (15:50) ♎
1985 ♏	1950 (15:45) ♑	2007 ♐	1972 (05:36) ♒
1986 ♓	1951 ♉	2008 (10:34) ♉	1973 (07:44) ♋
1987 (21:21) ♌	1952 ♍	2009 (09:33) ♐	1974 ♏
1988 (15:36) ♐	1953 (10:17) ♒	2010 (00:24) ♒	1975 ♓
1989 (06:45) ♉	1954 ♊	**13.02.**	1976 (22:32) ♌
1990 ♍	1955 (17:38) ♏	1920 ♐	1977 (21:14) ♑
1991 ♑	1956 (13:52) ♓	1921 (19:45) ♉	1978 ♍
1992 ♉	1957 ♋	1922 ♍	1979 ♍
1993 (20:23) ♏	1958 ♐	1923 (18:18) ♍	1980 ♐
1994 (07:23) ♓	1959 ♈	1924 (11:35) ♊	1981 ♊
1995 (02:17) ♋	1960 ♌	1925 ♎	1982 (16:16) ♏
1996 ♏	1961 ♊	1926 (04:57) ♓	1983 (14:02) ♓
1997 ♈	1962 (06:18) ♊	1927 ♋	1984 (04:20) ♋
1998 ♌	1963 ♎	1928 ♏	1985 ♐
1999 (22:10) ♑	1964 ♒	1929 ♈	1986 ♈
2000 (07:21) ♉	1965 (05:14) ♋	1930 (19:14) ♍	1987 ♌
2001 (00:46) ♎	1966 (22:33) ♐	1931 ♑	1988 (19:36) ♑
2002 ♒	1967 (19:17) ♈	1932 ♉	1989 (10:22) ♊
2003 ♊	1968 (11:50) ♌	1933 (10:59) ♎	1990 ♎
2004 (20:58) ♏	1969 (18:28) ♑	1934 ♒	1991 ♒
2005 (16:21) ♈	1970 ♉	1935 (13:24) ♒	1992 ♊
2006 (04:44) ♌	1971 ♍	1936 (13:24) ♏	1993 ♏
2007 (04:01) ♐	1972 ♑	1937 ♓	1994 (17:49) ♈
2008 ♈	1973 ♏	1938 (00:33) ♌	1995 (12:31) ♌
2009 ♍	1974 (01:58) ♏	1939 ♐	1996 ♐
2010 ♑	1975 ♓	1940 ♈	1997 ♉
12.02.	1976 ♋	1941 ♍	1998 ♍
1920 (14:21) ♐	1977 ♐	1942 (14:27) ♒	1999 ♑
1921 ♈	1978 (20:50) ♉	1943 ♊	2000 (11:23) ♊
1922 (13:58) ♍	1979 (18:18) ♍	1944 ♊	2001 (03:51) ♏
1923 ♍	1980 (11:12) ♑	1945 (04:52) ♓	2002 ♓
1924 ♉	1981 (06:51) ♊	1946 ♋	2003 ♋
1925 (04:06) ♎	1982 ♎	1947 (12:15) ♐	2004 ♏
1926 ♒	1983 ♒	1948 (11:37) ♈	2005 (21:18) ♉

Geburtsdatum/ Mondzeichen			Geburtsdatum/ Mondzeichen			Geburtsdatum/ Mondzeichen			Geburtsdatum/ Mondzeichen		
2006	(17:13)	♍	1971		♎	1936		♏	1993		♐
2007	(12:42)	♑	1972		♒	1937		♈	1994		♈
2008		♉	1973		♋	1938	(01:57)	♍	1995	(19:52)	♍
2009		♎	1974	(11:01)	♐	1939		♑	1996	(00:29)	♑
2010		♒	1975	(11:22)	♈	1940		♉	1997		♊
14.02.			1976		♌	1941		♎	1998		♎
1920		♐	1977		♑	1942	(17:50)	♓	1999		♒
1921		♉	1978		♉	1943	(04:24)	♋	2000	(13:45)	♋
1922	(13:34)	♎	1979		♍	1944	(04:24)	♏	2001	(11:02)	♐
1923		♒	1980	(14:20)	♒	1945	(05:12)	♈	2002	(10:26)	♈
1924		♊	1981	(10:43)	♏	1946		♌	2003	(01:04)	♌
1925	(10:55)	♏	1982		♏	1947		♐	2004		♐
1926		♓	1983		♓	1948	(22:08)	♉	2005		♉
1927	(12:11)	♌	1984		♋	1949	(18:44)	♎	2006		♍
1928	(08:32)	♐	1985		♐	1950		♒	2007	(17:34)	♒
1929		♈	1986	(12:38)	♉	1951		♊	2008		♊
1930		♍	1987	(08:26)	♍	1952		♎	2009		♏
1931		♑	1988		♑	1953		♓	2010		♓
1932		♉	1989		♊	1954	(13:35)	♌	**16.02.**		
1933		♎	1990		♎	1955	(06:07)	♐	1920		♑
1934	(10:27)	♓	1991		♒	1956		♈	1921	(01:54)	♊
1935		♋	1992	(10:31)	♋	1957	(00:17)	♍	1922	(15:22)	♏
1936		♏	1993	(01:08)	♐	1958		♑	1923	(03:43)	♓
1937	(01:12)	♈	1994		♈	1959		♉	1924		♋
1938		♌	1995		♌	1960	(14:55)	♎	1925	(15:28)	♐
1939	(08:41)	♑	1996		♐	1961	(14:53)	♓	1926		♈
1940	(09:36)	♉	1997	(17:53)	♊	1962		♋	1927	(23:15)	♍
1941	(15:07)	♎	1998	(14:17)	♎	1963		♏	1928	(19:54)	♑
1942		♒	1999	(06:57)	♒	1964		♓	1929		♉
1943		♊	2000		♊	1965		♌	1930		♎
1944		♎	2001		♏	1966	(08:26)	♑	1931		♒
1945		♓	2002		♓	1967	(08:19)	♉	1932		♊
1946	(05:50)	♌	2003		♋	1968		♍	1933		♏
1947		♐	2004	(00:35)	♐	1969		♒	1934	(12:39)	♈
1948		♈	2005		♉	1970		♊	1935	(01:35)	♌
1949		♍	2006		♍	1971		♎	1936	(00:56)	♐
1950	(20:57)	♒	2007		♑	1972	(09:11)	♓	1937	(03:34)	♉
1951	(09:18)	♊	2008	(13:19)	♊	1973	(10:12)	♌	1938		♍
1952	(06:00)	♎	2009	(15:50)	♏	1974		♐	1939	(21:22)	♒
1953	(09:58)	♓	2010	(13:23)	♓	1975		♈	1940	(20:10)	♊
1954		♋	**15.02.**			1976	(23:59)	♍	1941	(16:52)	♏
1955		♏	1920	(03:14)	♑	1977		♑	1942		♓
1956	(22:48)	♈	1921		♉	1978	(07:24)	♊	1943		♋
1957		♌	1922		♎	1979	(06:37)	♎	1944		♏
1958		♑	1923		♒	1980		♒	1945		♈
1959		♉	1924	(23:34)	♋	1981		♋	1946	(11:03)	♍
1960		♍	1925		♏	1982		♏	1947	(01:12)	♑
1961		♒	1926	(04:47)	♈	1983		♓	1948		♉
1962	(14:20)	♋	1927		♌	1984	(06:09)	♌	1949		♎
1963	(11:38)	♏	1928		♐	1985	(01:27)	♑	1950		♒
1964	(01:09)	♓	1929	(01:02)	♉	1986		♉	1951	(21:51)	♋
1965	(05:54)	♌	1930	(19:50)	♎	1987		♍	1952	(14:45)	♏
1966		♐	1931	(06:14)	♒	1988	(20:25)	♏	1953	(09:30)	♈
1967		♈	1932	(05:27)	♊	1989	(16:40)	♋	1954		♌
1968	(17:03)	♍	1933	(14:46)	♏	1990	(09:34)	♏	1955		♐
1969	(19:30)	♒	1934		♓	1991	(02:59)	♓	1956		♈
1970		♊	1935		♋	1992		♋	1957	(23:49)	♎

Geburtsdatum/ Mondzeichen	Geburtsdatum/ Mondzeichen	Geburtsdatum/ Mondzeichen	Geburtsdatum/ Mondzeichen
1958 (06:51) ♒	1923 ♓	1980 ♓	1945 ♉
1959 (03:39) ♊	1924 ♋	1981 ♌	1946 (18:36) ♎
1960 ♎	1925 ♐	1982 ♐	1947 (13:39) ♒
1961 ♓	1926 (07:08) ♉	1983 ♈	1948 (05:56) ♊
1962 ♈	1927 ♍	1984 (05:32) ♍	1949 ♏
1963 (23:57) ♐	1928 ♑	1985 (08:36) ♒	1950 ♓
1964 (06:10) ♈	1929 (05:01) ♊	1986 (01:17) ♊	1951 ♋
1965 (06:05) ♍	1930 (23:45) ♏	1987 ♎	1952 (20:42) ♐
1966 ♐	1931 (18:23) ♓	1988 (19:44) ♓	1953 (10:50) ♈
1967 ♉	1932 (15:02) ♋	1989 ♋	1954 ♍
1968 (20:21) ♊	1933 (17:42) ♐	1990 (22:07) ♐	1955 ♑
1969 (21:03) ♓	1934 ♈	1991 (10:11) ♈	1956 ♉
1970 (03:17) ♋	1935 ♌	1992 ♌	1957 ♎
1971 (04:22) ♏	1936 ♐	1993 ♑	1958 (17:39) ♓
1972 ♓	1937 ♉	1994 ♉	1959 (14:51) ♋
1973 ♌	1938 (05:28) ♎	1995 ♍	1960 ♏
1974 (23:16) ♐	1939 ♒	1996 (01:00) ♒	1961 ♈
1975 (23:09) ♉	1940 ♊	1997 (03:13) ♋	1962 ♌
1976 ♍	1941 ♏	1998 (03:13) ♏	1963 ♐
1977 (00:45) ♒	1942 (23:46) ♈	1999 ♓	1964 (09:45) ♉
1978 ♊	1943 (17:18) ♌	2000 (15:11) ♌	1965 (07:45) ♎
1979 ♎	1944 (13:15) ♐	2001 (21:59) ♑	1966 ♒
1980 (14:54) ♓	1945 (06:05) ♉	2002 (22:58) ♉	1967 ♊
1981 (16:10) ♌	1946 ♍	2003 (04:22) ♍	1968 (23:00) ♏
1982 (03:45) ♐	1947 ♑	2004 ♑	1969 ♓
1983 (00:46) ♈	1948 ♉	2005 ♊	1970 (15:53) ♌
1984 ♌	1949 (19:53) ♏	2006 ♎	1971 (14:45) ♐
1985 ♐	1950 (04:11) ♓	2007 (19:30) ♓	1972 ♈
1986 ♉	1951 ♋	2008 ♋	1973 ♍
1987 (17:44) ♎	1952 ♏	2009 (01:53) ♐	1974 ♑
1988 ♒	1953 ♈	2010 (01:30) ♈	1975 ♉
1989 ♋	1954 (23:00) ♑	**18.02.**	1976 (00:14) ♊
1990 ♏	1955 (18:34) ♑	1920 ♒	1977 (05:45) ♓
1991 ♓	1956 (05:48) ♉	1921 (04:58) ♋	1978 ♋
1992 (11:15) ♌	1957 ♒	1922 (20:31) ♐	1979 ♏
1993 (09:20) ♐	1958 ♒	1923 (15:20) ♈	1980 (14:42) ♈
1994 (06:20) ♉	1959 ♊	1924 (09:09) ♌	1981 (23:34) ♍
1995 ♐	1960 (20:24) ♏	1925 (18:02) ♑	1982 (16:36) ♑
1996 ♐	1961 (15:41) ♈	1926 ♉	1983 (09:31) ♉
1997 ♊	1962 (01:04) ♌	1927 ♍	1984 ♍
1998 ♎	1963 ♐	1928 ♑	1985 ♒
1999 (12:40) ♓	1964 ♈	1929 ♊	1986 ♊
2000 ♋	1965 ♍	1930 ♏	1987 ♎
2001 ♐	1966 (20:25) ♒	1931 ♓	1988 ♓
2002 ♈	1967 (20:16) ♊	1932 ♋	1989 (01:33) ♌
2003 ♌	1968 ♎	1933 ♐	1990 ♐
2004 (03:14) ♐	1969 ♓	1934 (18:03) ♉	1991 ♈
2005 (06:18) ♊	1970 ♋	1935 (14:33) ♍	1992 (10:47) ♍
2006 (06:09) ♎	1971 ♏	1936 (09:21) ♑	1993 (20:05) ♒
2007 ♒	1972 (10:51) ♈	1937 (06:22) ♊	1994 (19:05) ♊
2008 (16:12) ♓	1973 (13:31) ♍	1938 ♎	1995 (01:00) ♎
2009 ♏	1974 ♑	1939 ♒	1996 ♒
2010 ♓	1975 ♉	1940 ♊	1997 ♋
17.02.	1976 ♍	1941 (19:37) ♐	1998 ♏
1920 (14:20) ♒	1977 ♒	1942 ♈	1999 (16:06) ♈
1921 ♊	1978 (19:56) ♋	1943 ♌	2000 ♌
1922 ♏	1979 (17:12) ♏	1944 ♐	2001 ♑

Geburtsdatum/ Mondzeichen		Geburtsdatum/ Mondzeichen		Geburtsdatum/ Mondzeichen		Geburtsdatum/ Mondzeichen	
2002	♉	1930	♏	1950 (14:01)	♈	1976	♎
2003	♍	1931	♓	1951 (09:01)	♌	1978	♋
2004 (05:27)	♒	1932 (20:49)	♌	1952	♐	1979	♏
2005 (18:13)	♋	1933 (20:22)	♑	1954	♍	1980	♈
2006 (18:11)	♏	1934	♉	1955	♑	1982	♑
2007	♓	1935	♍	1956 (10:51)	♊	1983	♉
2008 (19:51)	♌	1936	♑	1958	♓	1984 (04:39)	♎
2009	♐	1937	♊	1959	♋	1987 (01:04)	♏
2010	♈	1938 (12:37)	♏	1960	♏	1988 (19:35)	♈
19.02.		1939 (09:52)	♓	1962 (13:26)	♍	1991 (15:24)	♉
1920 (22:39)	♓	1940 (02:46)	♋	1963 (10:00)	♑	1992	♍
1921	♋	1941	♐	1964	♉	1995	♎
1922	♐	1942	♈	1966	♒	1996 (01:09)	♓
1923	♈	1943	♌	1967	♊	1999	♈
1924	♌	1944 (18:33)	♑	1968	♏	2000 (16:53)	♍
1925	♑	1945 (09:01)	♊	1970	♌	2003 (05:48)	♎
1926 (13:22)	♊	1946	♎	1971	♐	2004	♒
1927 (11:31)	♎	1947	♒	1972 (12:11)	♉	2007 (20:06)	♈
1928 (03:47)	♒	1948	♊	1974 (12:21)	♒	2008	♌
1929 (07:45)	♋	1949 (23:49)	♐	1975 (08:35)	♊		

Wie Sie mehr über Ihr Horoskop erfahren können

Der Unterschied zwischen dem, was ein Buch über Tierkreiszeichen an individueller Deutung leisten kann, und der Interpretation Ihres persönlichen Horoskops ist wesentlich größer als der zwischen einem Anzug von der Stange und einem maßgefertigten Kleidungsstück.

Wenn Sie mehr darüber erfahren wollen, was die Gestirne über Ihr individuelles Schicksal aussagen, benötigen Sie zunächst einmal ein genau berechnetes Horoskop. Wer einen Computer hat oder jemanden kennt, der einen besitzt, hat es leicht: Es gibt eine Vielzahl von Astrologieprogrammen, die für jeden Geschmack und jeden Geldbeutel etwas bieten. Wenn Sie bereits einen Horoskopausdruck haben, können Sie sich mit Hilfe astrologischer Lehrbücher an eine genauere Interpretation herantasten. Es existieren außerdem Astrologieschulen, die Sie in der Horoskopdeutung unterrichten können. Schließlich gibt es Firmen, die Horoskopberechnungen und Computerdeutungen anbieten.

Astrologieprogramme

Leider ist auch in der Astrologie nicht alles Gold, was glänzt. Neben seriösen Astrologen, die Ihnen eine echte Lebenshilfe geben können, tummeln sich auf dem Gebiet auch viele Scharlatane. Das gleiche gilt sinngemäß natürlich für Bücher, Computerprogramme und Deutungen.

Vorsicht vor Scharlatanen

Wenn Sie in dieser Hinsicht Hilfestellung und unverbindliche Informationen wünschen, können Sie sich gern direkt an den Autor wenden. Die Adresse finden Sie auf Seite 8.

Bitte legen Sie einen adressierten DIN-A4-Umschlag und DM 5,– in Briefmarken bei, und verwenden Sie das *Stichwort »Astro-Info«*. Sie erhalten dann eine umfangreiche Liste mit unseren persönlichen Empfehlungen zu allen Bereichen der Astrologie. Ihre Adresse wird von uns nicht gespeichert und auch nicht an andere weitergegeben.

Wenn Sie eine schriftliche Horoskopdeutung nach der Methode des Autors möchten, ohne daß Sie sich selbst mit Computerberechnungen auseinandersetzen müssen, können Sie hierzu kostenlos und unverbindlich Informationsmaterial unter der Adresse des Autors anfordern *(Stichwort »Querverbindungen«)*.

Die Deutung und Bedeutung des Aszendenten

Wie bereits im Einleitungskapitel dargestellt, besteht ein Horoskop aus vielen verschiedenen Deutungselementen, von denen das Tierkreiszeichen zwar das bekannteste, aber eben nur eines von vielen ist. Das Tierkreiszeichen eines Menschen ist wie gesagt nichts anderes als die Position der Sonne im Tierkreis (= Zodiakus) zum Zeitpunkt der Geburt. Da unser Kalender ebenfalls mit dem Sonnenlauf – von der Erde aus gesehen – korrespondiert, läßt sich anhand des Geburtsdatums recht genau bestimmen, welches Tierkreiszeichen zu einem gehört. Dies ist sicherlich der Hauptgrund, warum die Sonnenzeichen so populär wurden. *Sonnen- zeichen*

Der wohl wichtigste Einzelfaktor für ein wirklich persönliches Horoskop ist aber der Aszendent. Der Begriff kommt von dem lateinischen Wort *ascendere,* was soviel wie »aufsteigen« bedeutet. Mit dem Aszendenten ist der Abschnitt des Zodiakus gemeint, der im Augenblick der Geburt in östlicher Richtung am Horizont aufgeht. Der Aszendent ist außerdem identisch mit der Spitze – also dem Anfang – des ersten Hauses. Da der Aszendent etwa alle vier Minuten seine Position ändert, müssen Geburtsort und die genaue Geburtszeit bekannt sein, um ihn bestimmen zu können. Wenn Sie Ihre Geburtszeit kennen, steht der Berechnung des Aszendenten nichts im Wege. Falls sie Ihnen nicht bekannt ist, können Sie sie wie gesagt beim Standesamt Ihres Geburtsortes erfahren. Bei den meisten Standesämtern wird eine schriftliche Anfrage mit frankiertem Rückumschlag *Geburtsort*

umgehend bearbeitet, manche verlangen allerdings eine Gebühr. Telefonisch erhalten Sie
wegen des Datenschutzes nur selten Auskunft.

Im folgenden Abschnitt wird beschrieben,
wie Sie den Aszendenten einfach feststellen
können. Dank eines völlig neuen Verfahrens
ist dies erstmals ohne komplizierte Berech-
nungen und absolut zuverlässig möglich.

Wie ist der Aszendent zu deuten? Verein-
facht gesagt, gibt der Aszendent Auskunft darüber, wer wir sind, während das Sonnenzeichen beschreibt, wie wir uns verhalten. Wenn
wir den Menschen mit einem Auto vergleichen,
dann würde der Aszendent uns verraten, um
was für ein Gefährt es sich handelt, während
das Tierkreiszeichen – also die Position der
Sonne – uns Aufschluß darüber gibt, wie es behandelt und gefahren wird. Dies zeigt auch
schon, daß die oft gestellte Frage, was denn
nun wichtiger sei, der Aszendent oder das Tierkreiszeichen, im Grunde unsinnig ist. Handeln
Körper-   (Sonne) setzt Körperlichkeit (Aszendent) vor-
lichkeit   aus. Eine Veranlagung (Aszendent), die nicht
gelebt wird (Sonne), ist bedeutungslos.

Wie können Sie nun Näheres zur Interpretation Ihres Aszendenten erfahren? Hier gibt es
mehrere Wege. Der einfachste ist natürlich,
sich ein spezielles Buch zu diesem Thema zu
besorgen und unter dem entsprechenden Kapitel nachzuschlagen. Vielleicht kennen Sie auch
jemanden, der sich intensiver mit Astrologie
beschäftigt und Ihnen persönlich Auskünfte
über die Bedeutung Ihres Aszendenten und
Ihres Sonnenzeichens geben kann. Falls Sie ein
Tierkreiszeichen-Buch (zum Beispiel aus dieser
Reihe) Ihres Aszendenten-Zeichens besitzen,

können Sie auch das lesen und dabei im Hinterkopf behalten, daß es sich hier weniger um Ihr tatsächliches Verhalten, sondern um Ihre Charakteranlagen handelt. Da sich allerdings unsere Anlagen und unser Verhalten ständig wechselseitig beeinflussen, erzielen Sie schon gute Ergebnisse, wenn Sie sich selbst einfach als eine »Mischung« beider Zeichen betrachten.

Charakter-
anlagen

Falls Sie feststellen sollten, daß bei Ihnen Sonne und Aszendent im gleichen Tierkreiszeichen stehen, müssen Sie natürlich kein weiteres Buch zu Rate ziehen. Für Sie sollten dann die in diesem Band gemachten Aussagen in besonderem Maße zutreffen.

Die Bestimmung des Aszendenten

Die Verwendung der nachfolgenden Aszendentengrafik ist denkbar einfach: Die Skala am linken Rand (C) gibt das Datum an, die Skala am rechten Rand (A) die Uhrzeit. Markieren Sie Ihr Geburtsdatum und Ihre Geburtszeit, nehmen Sie ein Lineal und verbinden Sie beides mit einem Strich – fertig! Das Tierkreiszeichen (B) in der Mitte der Grafik, das von Ihrer Linie gekreuzt wird, ist Ihr Aszendent. Wichtige Hinweise: Die Grafik bezieht sich auf mitteleuropäische Zeit. Falls bei Ihrer Geburt die Sommerzeit galt, müssen Sie eine Stunde abziehen. Eine Sommerzeitentabelle finden Sie im Anhang dieses Buches. Die Aszendentengrafik funktioniert nur dann, wenn Sie in Deutschland geboren sind. Ohne eine wirklich genaue Geburtszeitangabe ist kein zuverlässiges Ergebnis zu erzielen.

Löwe | Jungfrau | Waage | Skorpion | Schütze | Steinbock | Wassermann | Fische | Widder | Stier | Zwilling | Krebs | Löwe | Jungfrau | Waage | Skorpion | Schütze | Steinbock | Wassermann | Fische | Widder | Stier | Zwilling | Krebs

Januar | Februar | März | April | Mai | Juni | Juli | August | September | Oktober | November | Dezember

Literatur

Brigitte Hamann: Die zwölf Archetyen. München 1991.

Michael Roscher: Astrologische Aspektlehre. München 1997.

Michael Roscher: Das Astrologiebuch. München 1989.

Michael Roscher: Der Mond. München 1997.

Michael Roscher: Kritische Grade im Radix. Selbstverlag 1995.*

Michael Roscher: Kritische Grade in der Prognose. Selbstverlag 1995.*

* zu beziehen bei:
  Buchhandlung Licht und Schatten
  Ehrenstraße 18–26
  D–50672 Köln
  Tel. 02 21/25 43 40, Fax 02 21/25 42 02

Bildnachweis

Seite 23: Johfra: Astrologie. Tierkreiszeichen. © 1998 Johfra/Verkerke Reprodukties NV – all rights reserved –. Mit freundlicher Genehmigung.

Seite 27, 28: Udo Becker (Hrsg.): Lexikon der Astrologie. Herder/Spektrum Bd. 4596. Freiburg 2. Auflage 1997. Mit freundlicher Genehmigung des Verlags Herder.

Seite 30: Giuseppe Maria Sesti: Die Geheimnisse des Himmels. Geschichte und Mythos der Sternbilder. Köln 1991. Mit freundlicher Genehmigung der Editrice Novecento.

Seite 43: Wolfgang Bauer/Irmtraud Dümotz/Sergius Golowin: Lexikon der Symbole. München 1987.

Seite 108: Darstellung des Wassermanns im »Tractatus sphaera«.

Seite 115: Hans Biedermann: Handlexikon der magischen Künste. Graz 1976. Mit freundlicher Genehmigung der Akademischen Druck- und Verlagsanstalt.

Seite 120: Nicholas Campion: Der praktische Astrologe. Hamburg 1988.

Seite 133: Illustration aus dem Tarotkartenspiel Rider Waite®, auch bekannt als Rider Tarot und Waite Tarot. Mit freundlicher Genehmigung von U.S. Games Systems, Inc., Stamford, CT 06902 USA. Copyright © 1971 U.S. Games Systems, Inc. Weitere Reproduktion nicht gestattet. Das Tarotkartenspiel Rider-Waite® ist ein eingetragenes Warenzeichen für U.S. Games Systems, Inc.

Seite 147: Sachs/Badstübner/Neumann: Christliche Ikonographie in Stichworten. München 1975. Mit freundlicher Genehmigung des Kösel Verlags.

Seite 164: L. Frobenius/H. Obermaier: Hadschra Maktouba. München o. J.

Das Märchen »Prinz Dschanschach und die drei Tauben« auf S. 151 ff. wurde folgendem Band entnommen: Elli Zenker-Starzacher: Märchen aus Tausendundeiner Nacht. Reutlingen o. J.

Trotz intensiver Recherchen konnten nicht alle Rechteinhaber ermittelt werden. Der Verlag ist selbstverständlich bereit, berechtigte Forderungen abzugelten.